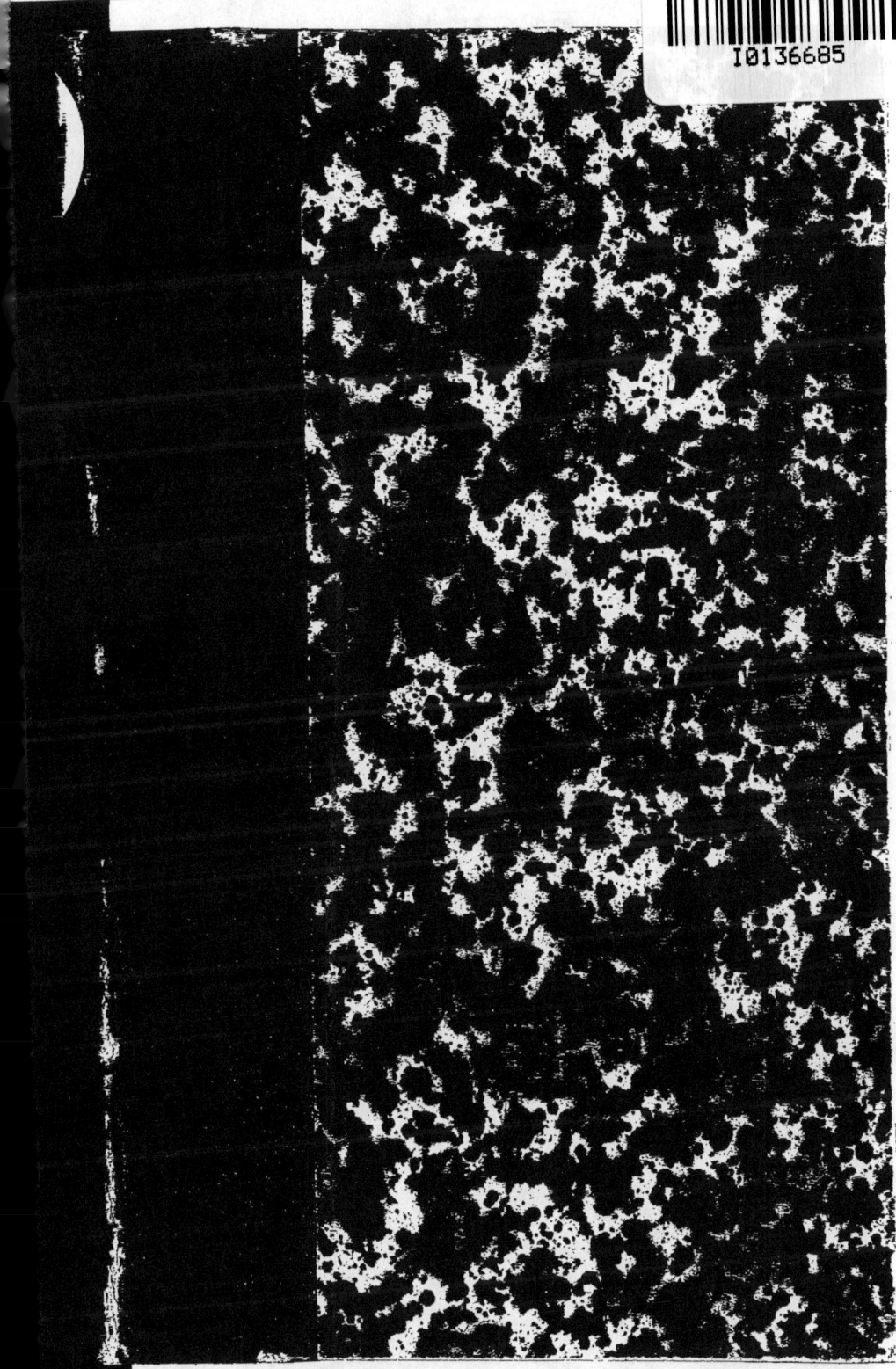

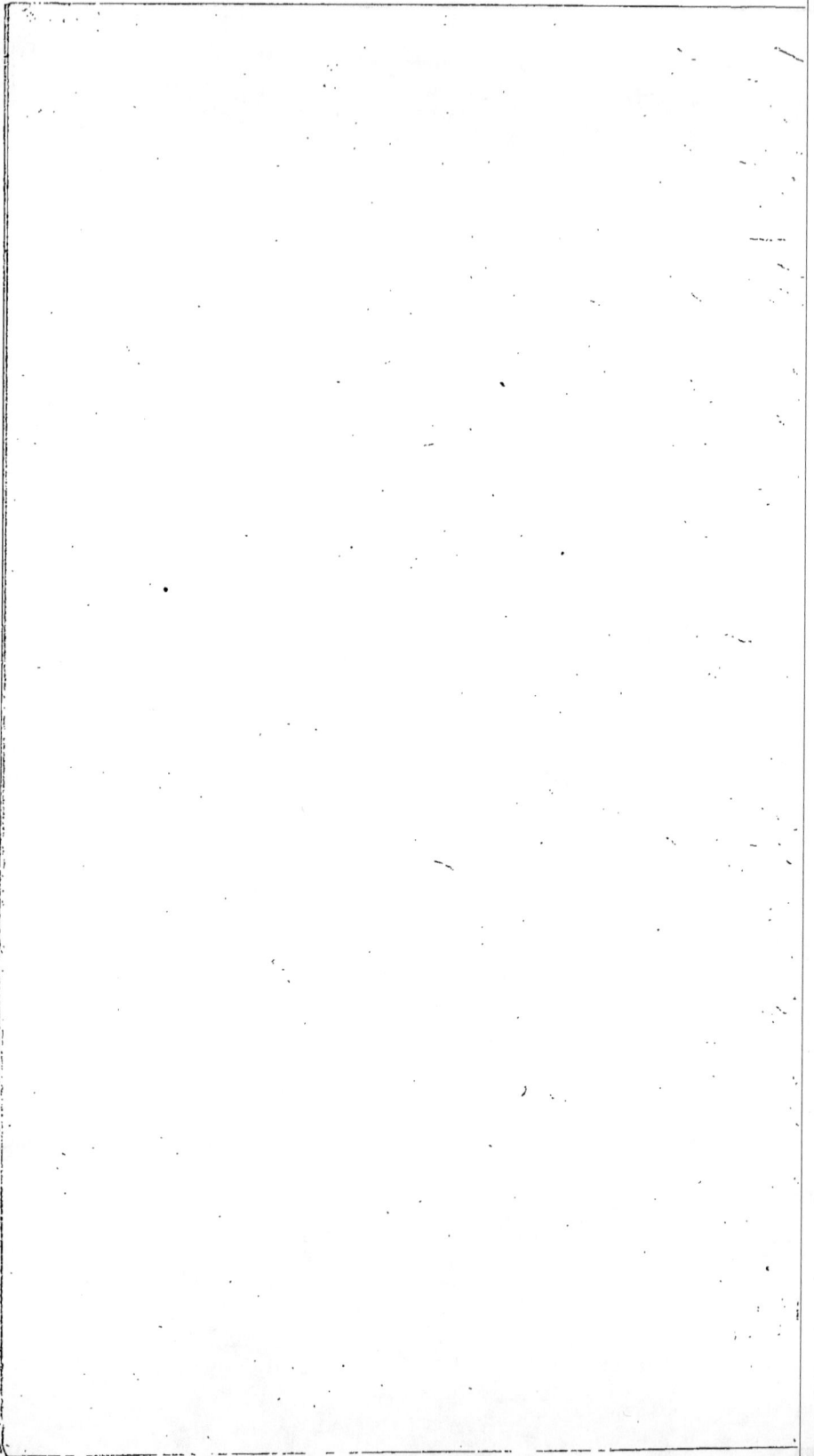

MANUEL

DES MONNAIES

D'OR ET D'ARGENT

4600-82. CORBEIL. — Typ. et stér. CRÉTÉ.

MANUEL

DES

MONNAIES

D'OR ET D'ARGENT

INDIQUANT

LES EFFIGIES, LE POIDS, LE TITRE ET LA VALEUR

des monnaies d'or et d'argent de tous les pays

AUGMENTÉ D'UN

TARIF DU PRIX DES MATIÈRES ET DES ESPÈCES

D'OR ET D'ARGENT A DIFFÉRENTS TITRES

PARIS

LIBRAIRIE THÉODORE LEFÈVRE ET Cie

RUE DES POITEVINS

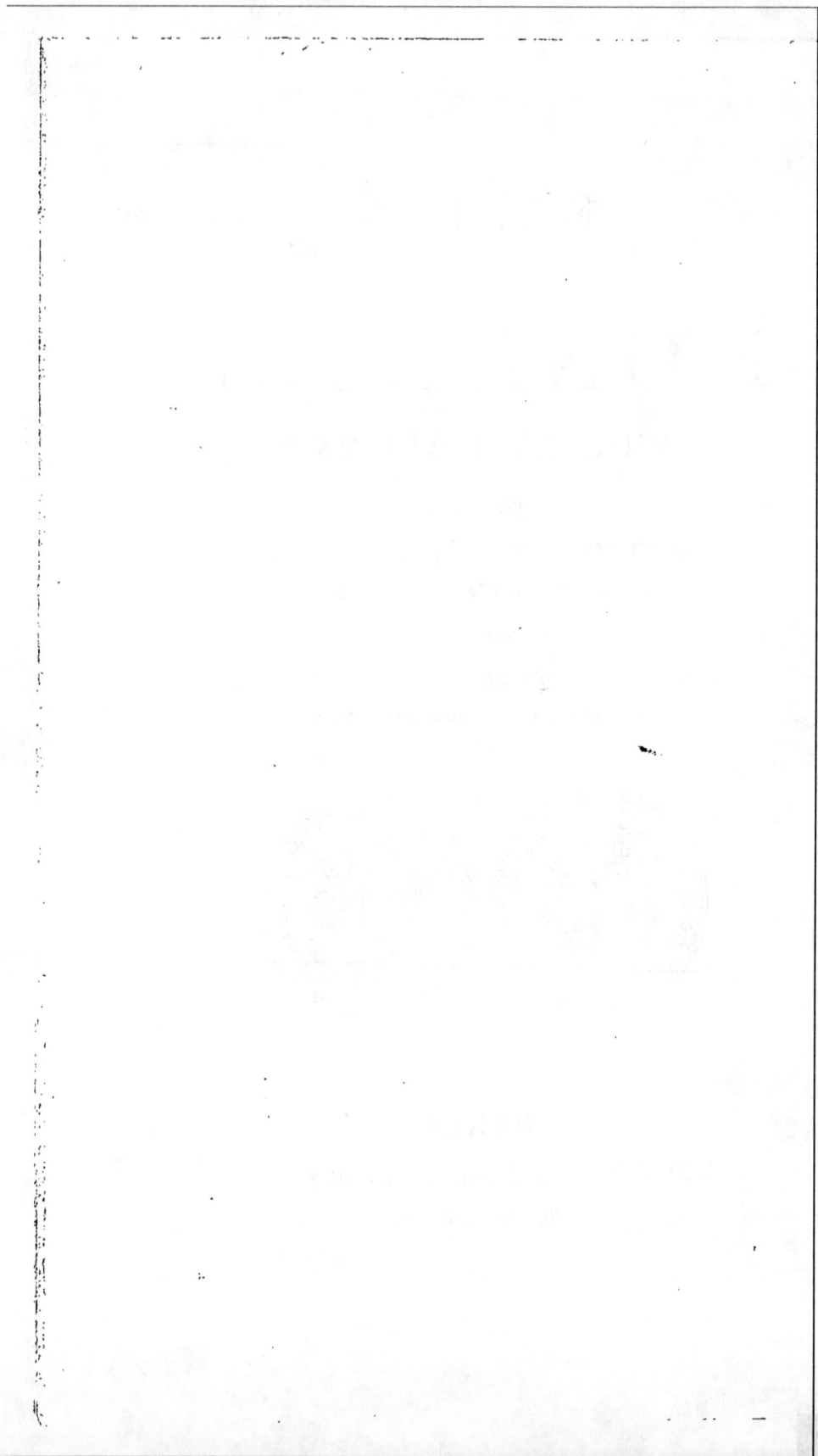

MANUEL

DES MONNAIES

D'OR ET D'ARGENT

FRANCE

France......................	37,600,000 habitants.
Algérie......................	2,918,000 —
Colonies et protectorats........	5,781,000 —
Total général......	46,299,000 habitants.

Circulation métallique.

En or......................	3,800,000,000 francs.
En argent à 900 mill........	1,900,000,000
En pièces à bas titre........	300,000,000
Total......	6,000,000,000
Circulation fiduciaire........	2,600,000,000

Les monnaies françaises sont assujetties au système métrique décimal des poids et mesures.

L'unité monétaire, conformément aux prescriptions de la loi du 18 germinal an III (7 avril 1795), a pris la dénomination de *franc*.

Cinq grammes d'argent au titre de 9 dixièmes de fin constituent l'unité monétaire, qui conserve le nom de *franc*.

1

Le système monétaire dans quelques pays se compose de deux parties de nature essentiellement différente.

La partie *matérielle* comprend les monnaies réelles ou métalliques, avec lesquelles peuvent s'effectuer les payements. La partie *fictive* ou idéale est la monnaie de compte, qui sert uniquement à apprécier les valeurs et à établir le montant des comptes.

Pièce de 20 francs.

Dans le système français, il n'y a que des monnaies éellés, c'est-à-dire métalliques. Elles sont [1] :

En or :		En argent :			En bronze :	
La pièce de 100 fr.		La pièce de 5 fr.	»		La pièce de 10 c.	
»	50	»	2	»	»	05
»	20	»	1	»	»	02
»	10	»	»	50	»	01
»	5	»	»	20		

Ces monnaies sont toutes décimales. Il y a plus : elles comprennent toutes les monnaies décimales que l'on peut avoir dans l'intervalle de 1 centime à 100 francs.

_____

[1] Elles n'ont pas de dénominations particulières : elles portent le nom de la valeur qu'elles représentent. On dit une pièce de 10 fr., de 20 fr., de 50 centimes, et tous les payements se font en francs et centimes.

On remarque d'abord les pièces fondamentales de
1 centime, 10 centimes, 1 franc, 10 francs, 100 fr.
dont la valeur va en décuplant comme dans notre
numération. Nous avons donc :

Pièce de 5 francs.

1° 'Pour *tous* les multiples décimaux du franc, les
pièces de 2 francs, 5 francs, 10 francs, 20 francs,
50 francs, 100 francs ;

Pièce de 1 franc.

2° Pour *toutes* les coupures décimales du franc, les
pièces de 1 centime, 2 centimes, 5 centimes, 10 centimes, 20 centimes, 50 centimes [1].

---

[1] Les anciennes pièces de monnaie de 25 centimes, 75 centimes et 1 fr. 50, qui ne sont pas décimales, ont été retirées suc-

NOTICE SUR LES MONNAIES FRANÇAISES

Les monnaies d'or et d'argent de France contiennent un alliage d'un dixième de cuivre et de
neuf dixièmes de métal pur. Le *titre* monétaire, qui
s'exprime en millièmes, est donc représenté par 900
millièmes. Cet alliage donne au métal plus de du-
reté, et le rend plus propre à résister à l'action du
frai, c'est-à-dire à la diminution de poids par le frot-
tement.

On désigne par *tolérance* de titre la légère différence qui peut exister en plus ou en moins dans le
titre des monnaies, différence qu'il est impossible
d'éviter.

Cette tolérance soit en dessus, soit en dessous du
titre droit de 900 millièmes, était fixée à 2 millièmes
pour les espèces d'or et d'argent.

La France, la Belgique, l'Italie et la Suisse, dans
la vue d'établir une complète harmonie entre leurs
législations monétaires, et de remédier aux inconvé-
nients qui résultent, pour les transactions entre leurs
habitants, de la diversité des monnaies d'appoint, et
de contribuer, en formant une union monétaire, aux
progrès de l'uniformité des poids, mesures et mon-

---

cessivement de la circulation. La pièce de 40 francs, qui n'est pas
non plus décimale, ne se fabrique plus, et la pièce de 3 centimes
n'a pas été fabriquée.

naies, conclurent, le 23 décembre 1865, une convention monétaire qui a été promulguée par un décret impérial du 20 juillet 1866.

Cette convention, à laquelle la Grèce a adhéré en 1868, a reçu son exécution du 1ᵉʳ août 1866 au 31 décembre 1879.

Une nouvelle convention, dont nous donnons le texte plus loin, a été conclue le 5 novembre 1878 entre les mêmes États, promulguée le 30 juillet 1879 et entrée en vigueur à dater du 1ᵉʳ janvier 1880.

Quelques autres pays, tels que la Roumanie, la Serbie et la plupart des républiques de l'Amérique du sud, ont adopté le même système monétaire. L'Autriche-Hongrie frappe des pièces d'or de 20 fr. (8 florins) et de 10 fr. (4 florins); l'Espagne émet des pièces d'argent d'après les bases fixées par l'Union de 1865.

Nous indiquons, dans le tableau ci-après, le poids régulier de chaque pièce et le chiffre de la tolérance.

Pièce de 2 francs.

NATURE DES PIÈCES ET VALEURS		DIAMÈTRE DES PIÈCES.	NOMBRE DE PIÈCES par kilogramme.	POIDS D'UNE PIÈCE.		
nominale.	réelle.			POIDS droit.	POIDS fort.	POIDS faible.
Or :						
fr. c.	fr. c.	mil.		gr.	gr.	gr.
100 »	99,78,39	35	31	32,258,06	32,290,31	32,225,81
50 »	49,89,19	28	62	16,129,03	16,145,15	16,112,91
20 »	19,95,68	21	155	6,451,61	6,464,51	6,438,71
10 »	9,97,84	19	310	3,225,80	3,232,25	3,219,35
5 »	4,98,92	17	620	1,612,90	1,617,74	1,608,06
Argent :						
5 »	4,96,25	37	40	25	25,075	24,925
2 »	1,84,16	27	100	10	10,050	9,950
1 »	92,08	23	200	5	5,025	4,975
» 50	46,04	18	400	2,500	2,517,50	2,482,50
» 20	18,42	16	1000		1,010	990
Bronze :						
» 10		30	100	10	10,100	9,900
» 5		25	200	5	5,050	4,950
» 2		20	500	2	2,030	1,970
» 1		15	1000	1	1,015	985

On vient de voir, par le tableau ci-dessus, que le poids des pièces d'argent et de bronze étant établi en nombres ronds de grammes, elles pourraient servir de poids usuels, et on peut les employer avec d'autant plus de sécurité à cet usage, que ce poids est toujours d'une exactitude parfaite, en supposant toutefois qu'elles ne soient pas trop altérées par le *frai*.

1 centime donne exactement le gramme.
2   »   »   2 grammes.
5   »   ou la pièce d'argent de 1 fr. donnent 5 grammes.
La pièce de 10 c. en bronze, ou 2 fr. en argent, 10   »
»   de 5 fr. en argent................. 25   »
Quatre pièces de 5 fr. un hectogramme ou.. 100   »
Quarante pièces de 5 francs d'argent, un kilo.

Les diamètres des pièces de bronze et d'argent étant fixés en nombres entiers de millimètres elles peuvent donner, étant mises bout à bout, le mètre ou des fractions de mètre.

Retenue pour la fabrication des monnaies.

La retenue au change des monnaies pour frais de fabrication, déchets compris, est, depuis le 1er avril 1854, de 6 fr. 70 par kilogramme pour l'or, et de 1 fr. 50 par kilogramme d'argent. Cette retenue a été maintenue par le décret du 31 octobre 1879, et constitue la différence qui existe entre la valeur intrinsèque et le prix d'après le tarif du change.

Proportion des diverses pièces d'or à fabriquer pour chaque million.

	VALEUR.
Pièces de 100 francs.............	5,000 francs.
» 50	10,000
» 20	740,000
» 10	190,000
» 5	55,000
	1,000,000

Proportion des pièces divisionnaires d'argent pour chaque million en pièces de 5 francs.

	VALEUR.
Pièces de 2 francs...............	10,000 francs.
» 1 »	25,000
Pièces de 50 centimes............	12,500
» 20 »	2,500
	50,000

Proportion de la fabrication des pièces de bronze.

Ces proportions sont variables.

10/20	en	10 centimes.
8/20	en	5
1/20	en	2
1/20	en	1

Les villes suivantes avaient des ateliers pour la fabrication des monnaies, et l'on peut reconnaître dans quelle ville telle pièce a été frappée en regardant au bas du verso quelle lettre s'y trouve.

VILLES.	LETTRES.
Paris......................	A
Rouen....................	B
Lyon......................	D
Bordeaux..................	K
Strasbourg................	BB
Marseille.	M
Lille.....................	W

Depuis le 31 juillet 1879, l'Hôtel des Monnaies de Paris est seul en activité.

TABLEAU

des espèces d'or et d'argent fabriquées en France selon le système décimal, de 1795 au 31 décembre 1879.

DÉSIGNATION DES TYPES.	OR.	ARGENT.
	fr.	fr. c.
1re République (Hercule).	»	106,237,255 »
Napoléon	528,024,410	887,830,055,50
Louis XVIII.............	389,333,060	614,830,109,75
Charles X...............	52,918,920	632,511,320,50
Louis-Philippe	215,912,800	1,756,938,333 »
2e République, 1848.		
Génie pour l'or..........	56,921,220	»
Hercule pour l'argent.....	»	259,628,845 »
Déesse de la liberté......	370,361,640	199,619,436,60
Napoléon III.............	6,151,961,600	626,294,792 »
3e République, 1870.		
Hercule pour l'argent.....	»	363,848,840 »
Déesse de la liberté......	»	64,213,876,50
Génie pour l'or..........	954,864,620	» »
TOTAL................	8,720,298,300	5,511,952,863,85
A déduire :		
Retiré de la circulation les pièces de 10 fr. et 5 fr. or, petit module............	71,082,860	
Les pièces d'argent démonétisées : 25 c., 2 fr., 1 fr., 50 c., 20 c.............		222,166,304,25
Reste net.............	8,649,215,440	5,289,786,559,60
Reste en monnaie ayant cours.................	13,939,001,999 fr. 60 c.	

1.

TABLEAU

récapitulatif par nature de pièces.

NATURE DES PIÈCES.	OR.	ARGENT.
fr.	fr.	
Pièces de 100	49,487,900 »	
» 50	46,833,400 »	
» 40	204,432,360 »	
» 20	7,172,462,900 »	
» 10	965,051,690 »	
» 5	210,947,190 »	fr.
Pièces de 5		5,060,606,240 »
» 2		79,116,084 »
» 1		102,975,552 »
» 50°		44,583,855 »
» 20		2,504,728,60
TOTAL..............	8,649,215,440 »	5,289,786,559,60
TOTAL général.....	13,939,001,999 fr. 60 c.	

Ce total général ne comprend pas les pièces démonétisées.

Pièces de 10 francs...........	48,589,920 fr.
» 5 »	22,492,940
Or démonétisé...............	71,082,860

Les pièces de 25 c., 2 fr., 1 fr., 50 c., et 20 c. retirées de la circulation :

Argent démonétisé............	222,166,304,25

Il a en outre été frappé, depuis 1852, époque de la refonte générale des monnaies de cuivre, pour 62,991,224 francs 90 centimes de pièces décimales de bronze.

CONVENTION MONÉTAIRE

Conclue le 5 novembre 1878, en vigueur depuis le 1er janvier 1880.

ART. 1er. La France, la Belgique, la Grèce, l'Italie et la Suisse demeurent constituées à l'état d'union pour ce qui regarde le titre, le poids, le diamètre et le cours de leurs espèces monnayées d'or et d'argent.

2. Les types des monnaies d'or frappées à l'empreinte des Hautes Parties contractantes sont ceux des pièces de cent francs, de cinquante francs, de vingt francs, de dix francs et de cinq francs, déterminés, quant au titre, au poids, à la tolérance et au diamètre, ainsi qu'il suit :

NATURE des PIÈCES.	TITRE.		POIDS.		DIAMÈTRE.
	Titre droit.	Tolérance.	Poids droit.	Tolérance.	
fr.	millièmes	millièmes	gr.	millièmes	mm
100			32,25806	1	35
50			16,12903		28
or. 20	900	1	6,45161	2	21
10			3,2258,		19
5			1,61290	3	17

Les Gouvernements contractants admettront sans distinction dans leurs caisses publiques les pièces d'or fabriquées sous les conditions qui précèdent, dans l'un ou l'autre des cinq États, sous réserve, toutefois, d'exclure les pièces dont le poids aurait été réduit par le frai d'un demi pour cent au-dessous des tolérances indiquées ci-dessus, ou dont les empreintes auraient disparu.

3. Le type des pièces d'argent de cinq francs frappées à l'empreinte des Hautes Parties contractantes est déterminé quant aux titre, poids, tolérance et diamètre, ainsi qu'il suit:

TITRE.		POIDS.		DIAMÈTRE.
Titre droit	Tolérance.	Poids droit.	Tolérance.	
900 mill.	2 millièm.	25 gramm.	3 millièm.	37mm

Les Gouvernements contractants recevront réciproquement lesdites pièces dans leurs caisses publiques, sous la réserve d'exclure celles dont le poids aurait été réduit par le frai de un pour cent au-dessous de la tolérance indiquée plus haut, ou dont les empreintes auraient disparu.

4. Les Hautes Parties contractantes s'engagent à ne fabriquer des pièces d'argent de deux francs, d'un franc, de cinquante centimes et de vingt centimes, que dans les conditions de poids, de

titre, de tolérance et de diamètre déterminées ci-après :

NATURE des PIÈCES.	TITRE.		POIDS.		DIAMÈTRE.
	Titre droit.	Tolé-rance.	Poids droit.	Tolé-rance.	
	millièmes	millièmes	grammes	millièmes	mm
ARGENT. fr. c. 2 » 1 » » 50 » 20	835	3	10,00 5,00 2,50 1,00	5 7 10	27 23 18 16

Ces pièces devront être refondues par les gouvernements qui les auront émises, lorsqu'elles seront réduites par le frai de cinq pour cent au-dessous des tolérances indiquées ci-dessus, ou lorsque leurs empreintes auront disparu.

5. Les pièces d'argent fabriquées dans les conditions de l'article 4 auront cours légal, entre les particuliers de l'État qui les a émises, jusqu'à concurrence de cinquante francs pour chaque payement.

L'État qui les a mises en circulation les recevra de ses nationaux sans limitation de quantité.

6. Les caisses publiques de chacun des cinq pays accepteront les monnaies d'argent fabriquées par un ou plusieurs des autres États contractants, conformément à l'art. 4, jusqu'à concurrence de cent francs pour chaque payement fait auxdites caisses.

7. Chacun des gouvernements contractants s'en-

gage à reprendre des particuliers ou des caisses publiques des autres États les monnaies d'appoint en
argent qu'il a émises et à les échanger contre une
égale valeur de monnaie courante en pièces d'or ou
d'argent, fabriquées dans les conditions des articles 2
et 3, à condition que la somme présentée à l'échange
ne sera pas inférieure à cent francs. Cette obligation
sera prolongée pendant deux années à partir de l'expiration de la présente convention.

8. Le Gouvernement italien ayant déclaré vouloir
supprimer ses coupures divisionnaires de papier in-
férieures à 5 francs, les autres États contractants
s'engagent, pour lui faciliter cette opération, à reti-
rer de leur circulation et à cesser de recevoir dans
leurs caisses publiques les monnaies italiennes d'appoint en argent.

Ces monnaies seront admises de nouveau dans les
caisses publiques des autres États contractants, dès
que le régime du cours forcé du papier-monnaie
aura été supprimé en Italie.

Il est entendu que, lorsque les opérations relatives
au retrait de la circulation internationale des monnaies italiennes d'appoint en argent auront été ter-
minées, l'application des dispositions de l'article 7
sera suspendue à l'égard de l'Italie.

9. Le monnayage des pièces d'or fabriquées dans
les conditions de l'article 2, à l'exception de celui
des pièces de 5 francs d'or qui demeure provisoirement suspendu, est libre pour chacun des États contractants.

Le monnayage des pièces de 5 francs d'argent est provisoirement suspendu. Il pourra être repris lorsqu'un accord unanime se sera établi, à cet égard, entre tous les États contractants.

10. Les Hautes Parties contractantes ne pourront émettre des pièces d'argent de deux francs, d'un franc, de cinquante centimes et de vingt centimes, frappées dans les conditions indiquées par l'article 4, que pour une valeur correspondant à six francs par habitant.

Ce chiffre, en tenant compte des derniers recensements effectués dans chaque État, est fixé :

```
Pour la France et l'Algérie, à.....   240 000 000 fr.
Pour la Belgique, à..............    33 000 000
Pour la Grèce, à.................    10 500 000
Pour l'Italie, à.................   170 000 000
Pour la Suisse, à...............    18 000 000
```

Sont imputées sur les sommes ci-dessus les quantités déjà émises jusqu'à ce jour par les États contractants.

11. Le millésime de fabrication sera inscrit, en conformité rigoureuse avec la date du monnayage, sur les pièces d'or et d'argent frappées dans les cinq États.

12. Les gouvernements contractants se communiqueront annuellement la quotité de leurs émissions de monnaies d'or et d'argent, ainsi que toutes les dispositions et tous les documents administratifs relatifs aux monnaies.

Ils se donneront également avis de tous les faits

qui intéressent la circulation réciproque de leurs espèces d'or et d'argent et spécialement de tout ce qui parviendrait à leur connaissance au sujet de la contrefaçon ou de l'altération de leurs monnaies dans les pays faisant ou non partie de l'Union, notamment en ce qui touche aux procédés employés, aux poursuites exercées et aux répressions obtenues ; ils se concerteront sur les mesures à prendre en commun pour prévenir les contrefaçons et les altérations, les faire réprimer partout où elles se seraient produites et en empêcher le renouvellement.

Ils prendront, en outre, les mesures nécessaires pour mettre obstacle à la circulation des monnaies contrefaites ou altérées.

13. Toute demande d'accession à la présente convention faite par un État qui en accepterait les obligations et qui adopterait le système monétaire de l'union ne peut être accueillie que du consentement unanime des Hautes Parties contractantes.

14. L'exécution des engagements réciproques contenus dans la présente convention est subordonnée à l'accomplissement des formalités et règles établies par les lois constitutionnelles de celles des Hautes Parties contractantes qui sont tenues d'en provoquer l'application, ce qu'elles s'obligent à faire dans le plus bref délai possible.

15. La présente convention, exécutoire à partir du 1er janvier 1880, restera en vigueur jusqu'au 1er janvier 1885. Si, un an avant ce terme, elle n'a pas été dénoncée, elle sera prorogée de plein droit d'année

en année par voie de tacite reconduction et demeu-
rera obligatoire jusqu'à l'expiration d'une année
après la dénonciation qui en serait faite.

PRINCIPAUTÉ DE MONACO

7,049 habitants.

Depuis 1878, cette principauté a frappé quelques
pièces d'or de 100 francs et de 20 francs absolument
conformes comme poids, titre et valeur à celles de
l'Union.

ANGLETERRE

Grande-Bretagne et Irlande.	35,250,000	habitants.
Empire des Indes	252,560,000	—
Autres colonies	14,260,000	—
Total général	302,070,000	habitants.

Circulation métallique.

En or......................	3,210,000,000 francs.
En argent et en bronze......	490,000,000
Total........	3,700,000,000
Circulation fiduciaire........	1,100,000,000

Demi-couronne.

On compte en Angleterre par livres sterlings valant 25 francs.

5 pence.

2 pence.

La livre est composée de 20 shillings, et le shilling est composé de 12 pence.

La livre sterling et ses subdivisions servent, en général, dans toutes les transactions et comme moyen d'évaluation. Les billets de banque de Londres et des provinces sont en livres sterling, et ils circulent en Angleterre comme monnaie de convention, exactement comme en France le billet de banque.

Shilling.

Or :

	Poids. GR.	F. C.	TITRE.
Souverain (liv. sterling de 20 shil.).	7.988	25.22	916.66 mill.
Demi-souverain (10 shillings)....	3.994	12.61	

Argent :

Couronne (5 shillings)..........	28.276	5.81	
Demi-couronne (2 shil. 6 pence)..	14.138	2.91	
Florin (2 shillings).............	11.310	2.32	
Shilling (12 pence).............	5.655	1.16	
1/2 shilling (6 pence)...........	2.828	0.58	925 mill.
4 pence......................	1.885	0.39	
3 »	1.414	0.29	
2 »	0.942	0.19	
1 penny.....................	0.471	0.10	

Bronze :

1 penny......................	0.10
1/2 »	0.05

Les guinées, presque entièrement remplacées par le souverain, valaient 21 shillings ; elles ont, du reste, rarement le poids, et l'on doit éviter de les recevoir autrement que pour la valeur du souverain.

Souverain.

ILE DE MALTE

149,000 habitants en 1871.

Malte a eu sa monnaie de compte particulière qui était le grani, valant un peu moins d'un centime. Il fallait 112 grani pour faire un franc.

Aujourd'hui, on se sert des monnaies anglaises.

GIBRALTAR

25,000 habitants en 1871.

Depuis 1872, l'unité monétaire est le *doublon d'Isabelle d'or*. Il en faut 98 pour faire 100 livres sterling.

On a proposé dernièrement de remplacer le doublon par l'*alphonse d'or*, valant 25 francs et, en monnaie anglaise, 19 shillings 10 pence, c'est-à-dire le souverain, moins 2 pence.

Alphonse d'or.

Les pièces espagnoles d'argent ont cours à Gibraltar comme monnaies subsidiaires.

EMPIRE D'ALLEMAGNE

45,234,000 habitants.

Circulation métallique
(en nouvelles monnaies seulement).

En or......................	2,200,000,000 francs.
En argent..................	810,000,000
En nickel et en bronze......	13,000,000
Total.......	3,023,000,000
Circulation fiduciaire........	1,200,000,000

D'après les lois monétaires des 4 décembre 1871 et 9 juillet 1873, il a été créé une nouvelle monnaie uniforme ayant cours dans tous les États de l'Empire et remplaçant définitivement, depuis le 1er janvier 1875, les monnaies particulières à ces divers Etats.

Le nouveau système monétaire est décimal et basé sur le Mark d'Empire ou *Reichsmark* de 100 pfennig, d'une valeur de 1 franc 2345. On compte en mark et en pfennig.

20 mark (Saxe).

Or :

	Poids.		
	GR.	F. C.	TITRE.
20 mark..........................	7.965	24.69	
10 »	3.982	12.35	900 mill.
5 »	1.991	6.17	

1 mark.

Argent :

5 mark	27.777	5.56	
2 »	11.111	2.22	
1 » (100 pfennig)...........	5.555	1.11	900 mill.
50 pfennig....................	2.777	0.56	
20 »	1.111	0.22	

Les pièces de 10 et 5 pfennig sont en nickel; celles de 2 et 1 pfennig en bronze.

10 mark (Prusse).

10 mark (Bavière).

10 mark (grand-duché de Bade).

10 mark (Wurtemberg).

Avant ce régime monétaire, chacun des Etats allemands avait sa monnaie particulière. Nous croyons utile de laisser subsister dans ce volume, à titre de renseignements, les divers systèmes de ces Etats.

ANCIENNE CONFÉDÉRATION GERMANIQUE

Le 24 janvier 1857, les États allemands du Zollverein et de l'Autriche conclurent un traité pour l'établissement d'un système monétaire uniforme, et la fabrication de monnaies communes.

D'après ce traité, les États de la confédération germanique, moins les villes hanséatiques, et les deux Mecklembourg, étaient divisés en trois zones monétaires.

Argent :

PREMIÈRE ZONE :

Comprenant la Prusse et la Saxe.

Thaler................................... 3 f. 75

DEUXIÈME ZONE :

Comprenant l'Autriche.

Florin.................................. 2 f. 45

TROISIÈME ZONE :

Comprenant la Bavière, le Wurtemberg et le grand-duché de Bade.

Florin.................................. 2 f. 10

Indépendamment de ces monnaies particulières aux différents pays, composant les trois zones, et pour chacun desquels nous donnons séparément une notice spéciale, il a été créé une monnaie dite *d'association*, ayant cours dans le territoire de tous ces Etats. Cette monnaie commune comportait deux types pour l'or, et autant pour l'argent.

MONNAIE DITE D'ASSOCIATION

Or :

Couronne.......................... 34 f. 39 ⎫
Demi-couronne..................... 17   19 ⎬ 900 mill.

Argent :

Double thaler..................... 7 f. 35 ⎫
Simple thaler....... 3   68 ⎬ 900 mill.

Florin (Bavière).   Thaler (Prusse).

Ces monnaies étaient toutes frappées au titre de 900 millièmes.

En 1838, une convention qui avait déjà posé les bases de la fabrication d'une monnaie commune pour tous les Etats associés, avait fixé ainsi le rapport entre le florin et le thaler :

Le thaler représentait.................. 1 florin 3/4
Le florin   »   .... 4/7 de thaler

2

PRUSSE

(Anciennes monnaies.)

La monnaie de compte de Berlin était le *thaler*, valant 3 fr. 75. Le thaler se divisait en 30 *silbergroschen* qui valaient chacun 12 centimes 05 ; le silbergroschen se subdivisait, à son tour, en 12 *pfennig* de 1 centime.

Pour la nouvelle monnaie, voir l'article *Empire d'Allemagne*.

10 mark.

Double Frédéric.

Or :

	Poids. GR.	F. C.	TITRE.
Double Frédéric...............	13.364	41.20	} 903 mill.
Frédéric.....................	6.682	20.60	
1/2 Frédéric.................	3.341	10.30	
Couronne (traité de 1857).......	11.111	34.39	} 900
1/2 couronne.................	5.550	1″,19	

Argent :

	Poids. GR.	F. C.	TITRE.
Thaler........................	21.980	3.57	750 mill.
1/6 de thaler..................	5.190	».53	520
1/12 »	2.595	».26	520
Double thaler d'association (traité de 1857)...................	37.038	7.35	900
Simple thaler d'association (traité de 1857)...................	18.519	3.68	

Thaler

1 mark.

SAXE

(Anciennes monnaies.)

On comptait, à Dresde, avant 1857, par thalers de 30 bons gros ou *gutengroschen*, monnaie imaginaire valant 3 fr. 90 c. de France.

Quoique, depuis cette époque, les monnaies saxonnes ne soient plus en usage, nous croyons utile d'en donner la valeur et les titres.

Double Auguste.

Auguste.

20 mark.

Or :

	Poids.		
	GR.	F. C.	TITRE.
Auguste, ou 5 thalers.........	6.338	20.75	900 mill.
Ducat (Frédéric-Auguste II)......	3.468	11.85	986
Double Auguste, ou 10 thalers.	13.279	41.40	900
Couronne (traité de 1857)......	11.111	34.39	»
1/2 couronne »	5.550	17.19	»

Argent :

	Poids.		
	GR.	F. C.	TITRE.
Thaler species de convention....	28.044	5.19	833 mill.
Deux tiers de thaler species, ou florin......................	18.696	2.60	833
Demi-florin, ou tiers de thaler species....................	9.348	1.28	833
Thaler de 1840................	18.500	3.75	900
1/6 de thaler.................	5.190	».53	520
Double thaler d'association (traité de 1857).................	37.038	7.35	900
Simple thaler d'association (traité de 1857).................	18.519	3.68	900

1 mark.

Pour la nouvelle monnaie, voir l'article *Empire d'Allemagne*.

BAVIÈRE

(Anciennes monnaies.)

On comptait, dans le royaume de Bavière, par florins ou *gulden* de 60 *kreuzer* valant, en argent

2.

de France, 2 fr. 10 c. Chaque kreuzer valait 4 pfennig.

Pour la nouvelle monnaie, voir l'article *Empire d'Allemagne*.

Or :

	Poids. GR.	F. C.	TITRE.
Ducat......................	3.468	11.85	}
Carolin ou triple florin.........	4.975	17 »	} 986 mill.
Maximilien ou doubl. florin d'or..	3.316	25.66	}
Couronne (traité de 1857).....	11.111	34.39	} 900
1/2 couronne »	5.550	17.19	}

Ducat.

10 mark.

Demi-gulden.

Argent :

	Poids. GR.	F. C.	TITRE.
Kronenthaler...................	28.932	5.72	872 mill.
2 gulden.....................	21.164	4.20	
1 gulden ou florin............	10.582	4.10	} 900
1/2 gulden...................	5.291	1.05	
6 kreuzer....................	2.500	» 18	333
Double thaler d'association (trai-			
té de 1857).................	37.038	7.35	} 900
Simple thaler d'ass. tr. de 1857).	18.519	3.68	

Kronenthaler.

6 kreuzer.

1 gulden.

1 mark.

GRAND-DUCHÉ DE BADE

(Anciennes monnaies.)

Dans le grand-duché de Bade, on comptait par florins ou gulden, valant, en argent de France, 2 fr. 10 c.

Ducat.

Or :

	Poids.		
	GR.	F. C.	TITRE.
Ducat (*ad legem imperii*)......	3.468	11.85	986 mill.
Pièce de 10 florins depuis 1819.	6.884	21.37	} 902
» 5 » » »	3.442	10.68	
Couronne (traité de 1857).......	11.111	34.39	} 900
Demi-couronne »	5.550	17.19	

5 florins.

Argent :

	Poids. GR.	F. C.	TITRE.
2 florins (depuis 1845).........	21.161	4.20	⎫
Florin ou gulden.............	10.582	2.10	⎬ 900 mill.
1/2 gulden.................	5.291	1.05	⎭
6 kreuzer................	2.500	» 18	333
Double thaler d'association (traité de 1857)................	37.038	7.35	⎫ 900
Simple thaler d'ass. (tr. de 1857).	18.519	3.68	⎬

2 florins.

10 mark.

Pour les nouvelles monnaies, voir l'article *Empire d'Allemagne.*

WURTEMBERG

(Anciennes monnaies.)

On comptait en Wurtemberg, comme en Autriche et dans le grand-duché de Bade, par florins ou gulden, valant 2 fr. 10 c.

Pour les nouvelles monnaies, voir l'article *Empire d'Allemagne.*

Ducat.   10 mark.

Or :

	Poids. GR.	F. C.	TITRE.
Ducat.......................	3.468	11.85	986 mill.
Couronne (traité de 1857).......	11.111	34.39	} 900
1/2 couronne »	5.550	17.19	}

Argent :

	Poids. GR.	F. C.	TITRE.
Kronenthaler..................	28.932	5.72	872 mill.
Double florin.................	21.164	4.20	
Florin ou gulden.............	10.582	2.10	
1/2 florin...................	5.291	1.05	900
Double thaler d'association (traité de 1857).................	37.038	7.35	
Simple thaler d'ass. (tr. de 1857).	18.519	3.68	
6 kreuzer....................	2.500	» 18	333

Kronenthaler.

HANOVRE
(Anciennes monnaies.)

Le système monétaire prussien était établi en Hanovre bien avant que la Prusse ne se soit emparée de ce royaume. L'unité monétaire était le *thaler* valant 3 fr. 75. Le thaler se subdivisait en 30 *silbergroschen* de 12 *pfennig*.

Les pièces d'or étaient, comme en Prusse, le double Frédéric (10 th.), le Frédéric (5 th.), le demi-

Frédéric (2 th. 1/2), la couronne et la demi-couronne.

Demi-Frédéric.

Les pièces d'argent étaient le thaler, le 1/6 et le 1/12 de thaler, le simple thaler d'association et le double thaler d'association.

(Pour le poids, le titre et la valeur, voir les anciennes monnaies prussiennes, page 26). Aujourd'hui, les monnaies sont celles de l'empire d'Allemagne.

HAMBOURG

(Anciennes monnaies.)

Autrefois, le thaler de Prusse circulait à Hambourg comme monnaie légale ; il y avait cependant comme monnaie particulière :

Or :

	Poids. GR.	F. C.	TITRE.
Ducat (*ad legem imperii*)........	3.491	11.85	986 mill.
Double ducat...................	6.982	23.70	»
Ducat de la ville..............	3.488	11.76	976

Argent :

	Poids.		
	GR.	F C.	TITRE.
Marc courant..................	9.164	1.52	750 mill
Double marc.,.................	18.328	3.04	»

Ducat de la ville.

Depuis le 15 février 1873, Hambourg a le même système monétaire que l'Empire d'Allemagne.

FRANCFORT

(Anciennes monnaies.)

Argent :

	Poids.		
	GR.	F. C.	TITRE.
Double florin..................	21.000	4.24	
Florin.......................	10.500	2.12	900 mill.
Demi-florin..................	5,250	1.06	
Quart de florin...............	2.625	0.53	

Aujourd'hui, l'ancienne ville libre a les mêmes monnaies que l'Empire d'Allemagne.

3

GRAND-DUCHÉ DE LUXEMBOURG

220,000 habitants.

Le grand-duché de Luxembourg ne frappe ni monnaies d'or, ni monnaies d'argent, mais seulement des pièces de bronze de 10,5 et 2 centimes 1/2.

Tous les comptes se font en francs et centimes. La circulation métallique se compose de monnaies françaises, belges et allemandes (le mark est reçu pour 1 fr. 25).

AUTRICHE-HONGRIE

Empire d'Autriche............	22,200,000 habitants.
Royaume de Hongrie.........	16,212,000 —
Provinces turques administrées par l'Autriche-Hongrie	1,188,000 —
Total général...............	39,600,000 habitants.

Circulation métallique.

En or........................	200,000,000 francs.
En argent et en bronze........	160,000,000
Total......	360,000,000
Circulation fiduciaire...........	1,705,000,000

L'unité monétaire est le *florin* d'argent ou *gulden* valant, d'après les lois des 24 décembre 1867 et 9 mars 1870, 2 fr. 47. Il se subdivise en 100 kreuzer.

Or :

	Poids. GR.	F. C.	TITRE.
Quadruple ducat...............	13.960	47.42	
Ducat (*ad legem imperii*)........	3.490	11.85	} 986 mill.
8 florins (20 francs)............	6.452	20. »	
4 » (10 »).............	3.226	10. »	} 900

8 florins (20 fr.).

4 florins (10 fr.).

1 florin.

Argent :

2 florins,.....................	24.691	4.94	
1 florin, 100 kreuzer...........	12.345	2.47	} 900 mill.
Quart de florin................	5.341	0.62	520
20 kreuzer (depuis 1868)........	2.666	0.29	500
10 » » »	1.666	0.15	400

Les *thalers de Marie-Thérèse* dits *Talari* et destinés au commerce du Levant valent 5 francs 20 et sont au titre de 833 millièmes. Ils pèsent 28 grammes 075.

Souverain.

Ducat impérial.   Demi-souverain.

Anciennes monnaies d'or :

	Poids. GR.	F. C.	TITRE.
Couronne.....................	11.111	34.39	} 900 mill.
Demi-couronne................	5.555	17.19	
Souverain....................	11.332	35.17	} 919
Demi-souverain	5.666	17.55	
Ducat impérial depuis Joseph II.	3.491	11.81	984
Double ducat	6.982	23.70	986

Anciennes monnaies d'argent :

	Poids, GR.	P. C.	TITRE.
Double thaler d'association......	37.038	7.38	}
Thaler......................	18.519	3.68	} 900 mill.
Species reichsthaler............	28.892	5.61	878
Thaler de convention...........	28.044	5.20	876
Demi-thaler de convention......	14.022	2.60	833
20 kreuzer....................	6.691	».86	}
10 »	3.345	».43	} 581

Ancienne pièce de 20 kreuzer.

Ancienne pièce de 20 kreuzer.   Species reichsthaler.

Species reichsthaler.

Demi-thaler.

Thaler de convention.

BELGIQUE

5,700,000 habitants.

Circulation métallique.

En or.	572,000,000 francs.
En argent à 900 mill...........	288,000,000
En pièces à bas titre...........	44,000,000
Total.......	904,000,000
Circulation fiduciaire..........	307,000,000

Il circulait dans ce pays, avant la Révolution Française, outre quelques monnaies nationales, des monnaies de France, d'Autriche et de Hollande, dont les rapports compliqués offraient d'inextricables difficultés.

Plus tard, lorsque la Belgique fut réunie à la Hollande, pour former le royaume des Pays-Bas, le système monétaire hollandais y fut établi.

5 francs.

Aujourd'hui le royaume de Belgique, de concert avec le gouvernement français, a adopté le système décimal, en sorte que les monnaies actuelles de la Belgique et de la France circulent indifféremment dans les deux pays.

Il y avait cependant en Belgique, en dehors du système décimal, la pièce de 2 fr. 50. Cette monnaie, sans être démonétisée, n'est plus fabriquée.

En or :	**En argent :**	**En nickel :**
La pièce de 20 fr.	La pièce de 5 fr. »	La pièce de 20 c.
» 10	» 2 »	» 10
» 5	» 1 »	» 5
	» » 50	
	» » 20	

HOLLANDE

Pays-Bas..................	4,200,000 habitants.
Colonies..................	28,100,000 —
Total..............	32,300,000 habitants.

Circulation métallique.

En or.......................	102,000,000 francs.
En argent à 945 mill..........	303,000,000
Total.......	405,000,000
Circulation fiduciaire..........	420,000,000

Par suite des lois des 26 novembre 1847, 14 septembre 1849 et 6 juin 1875, l'unité monétaire est le *florin* ou *gulden* de 100 cents, valant 2 fr. 10.

Or :

	Poids.		
	GR.	F. C.	TITRE.
Double ducat..................	6.988	23.66	
Ducat.....	3.494	11.83	} 983 mill.
10 florins...................	6.720	20.83	
Guillaume d'or...............		20.86	} 900

Guillaume d'or.   Ducat.

Rixdaler.

3.

Argent :

	Poids.		
	GR.	F. C.	TITRE.
Rixdaler, 2 1/2 florins..........	25.000	5.25	
1 florin, gulden..............	10.000	2.10	945 mill.
1/2 florin....................	5.000	1.05	
25 cents.....................	3.575	0.51	
10 ½ »	1.400	0.20	640
5 »	0.685	0.10	

1 florin.

Ancienne pièce de 25 cents.

1 florin.

DANEMARK

2,100,000 habitants.

Circulation métallique.

En or........................ 100,000,000 francs.
En argent et en bronze........ 25,000,000
                        Total....... 125,000,000

Le 18 décembre 1872, le Danemark a contracté avec la Suède une *union monétaire* à laquelle a adhéré la Norvège par la loi du 4 mars 1875.

L'unité monétaire danoise est, d'après la loi du 23 mai 1873, la *couronne* ou *krone*, se divisant en 100 *ore* et valant 1 fr. 33.

Or :

	Poids. GR.	F. C.	TITRE.
20 kronen..................	8.960	27.78	} 900 mill.
10 »	4.480	13.89	

Argent :

2 kronen...................	15.000	2.67	} 800
1 krone, 100 ore.............	7.500	1.33	
50 ore.....................	5.000	».67	
40 »	4.000	».53	} 600
25 »	2.420	».32	
10 »	1.450	».13	400

Avant 1873, on comptait, à Copenhague, par *rigsbankdaler* ou rixdales courantes, valant 2 fr. 80, se divisant en 6 marcs danois. La rixdale d'espèce était le double de la rixdale courante.

Rigsdaler species ou Rixdale d'espèce.

Christian.

Anciennes monnaies d'or :

	Poids. GR.	F. C.	TITRE.
Double Christian..............	13.284	41.80	} 903 mill.
Christian.....................	6.642	20.90	
Frédéric	6.642	20.32	896
Ducat courant à la couronne.....	3.078	9.40	875
Ducat species, de 1791 à 1802...	3.468	11.80	979

Rigsbankdaler.

Anciennes monnaies d'argent :

	Poids. GR.	F. C.	TITRE.
Rixdale d'espèce...............	28.892	5.58	
Rixdale courante ou Rigsbank-daler......................	14.446	2.79	879 mill.
Demi-Rixdale	7.233	1.39	

Rigsbankdaler.

SUÈDE

4,700,000 habitants.

Circulation métallique,

En or.........................	150,000,000 francs.
En argent et en bronze..........	50,000,000
Total........	200,000,000
Circulation fiduciaire...........	120,000,000

Avant la convention scandinave de 1872, ratifiée par la loi suédoise du 30 mai 1873, la Suède frappait depuis 1868 des carolins d'or valant exactement 10 fr. et divisés en 10 francs à 100 cents. Ce système analogue au système français est remplacé aujourd'hui par la convention scandinave.

1 krona.

L'unité monétaire est, comme pour le Danemark, la *couronne* ou *krona*, se subdivisant en 100 ore.

Or :

	Poids. GR.	F. C.	TITRE.
20 kronor....................	8.960	27.78	900 mill.
10 »	4.480	13.89	

Argent :

	Poids. GR.	F. C.	TITRE.
2 kronor......................	15.000	2.67	800 mill.
1 krona, 100 ore...............	7.500	1.33	
50 ore........................	5.000	0.67	600
25 »	2.420	0.32	
10 »	1.450	0.13	400

Ducat.

Species rigsdaler riksmynt.

Anciennes monnaies d'or :

	Poids. GR.	F. C.	TITRE.
Ducat........................	3.486	11.70	976 mill.
Demi-ducat	1.743	5.85	
Quart de ducat...............	0.871	2.92	

Anciennes monnaies d'argent :

Species rigsdaler riksmynt......	34.008	5.66	760
Demi-species rigsdaler..........	17.004	2.83	
Rigsdaler riksmynt.............	8.502	1.43	
Rigsdaler.....................	33.883	5.61	750
Demi-rigsdaler........	16.941	2.80	

NORVÈGE

2,000,000 d'habitants.

En vertu de la loi du 4 mars 1875, la Norvège fait partie de l'Union monétaire scandinave. Comme en Danemark et en Suède, l'unité monétaire est la *couronne* ou *krone*, se subdivisant en 100 ore.

Or :

	Poids. GR.	F. C.	TITRE.
20 kroner (5 species daler)......	8.960	27.78	⎫ 900 mill.
10 » (2 1/2 »)......	4.480	13.89	⎭

1 couronne.

Argent :

2 kroner.....................	15.000	2.67	⎫ 800 mill.
1 krone, 100 ore, 30 skillings...	7.500	1.33	⎭
50 ore, 15 skillings.............	5.000	».67	⎫
40 » 12 »	4.000	».53	⎬ 600
25 » 7 1/2 »	2.420	».32	⎭
10 » 3 »	1.450	».13	400

Ancien ducat.

La Norvège étant unie à la Suède depuis 1840, voir ce dernier pays pour les anciennes monnaies.

Species rigsdaler riksmynt.

SUISSE

3,000,000 d'habitants.

Circulation métallique.

En argent..................... 500,000,000 francs.
Circulation fiduciaire........... 110,000,000

Lors de l'établissement de la république helvé-tique, en 1798, la fabrication des monnaies, qui jus-que-là avait été répartie entre les divers cantons, de-vint centrale, et, dès lors, toutes les monnaies furent frappées au nom de la république, qui adopta le sys-tème monétaire du canton de Berne, dont les espèces étaient les plus accréditées et les plus répandues. Le franc ou *franken* de la république, qui était la même chose que le franc de Berne, devint la monnaie de compte de la Suisse.

C'était une monnaie effective valant 1 franc 50 centimes. On la nommait aussi pièce de 10 batzen.

En 1803, les fonctions du gouvernement central ayant cessé, chaque canton fut de nouveau investi du droit de frapper monnaie à ses armes, sous la réserve que le titre en serait uniforme.

Anciennes monnaies d'or :

	Poids. GR.	F. C.	TITRE.
8 ducats de Berne.............	27.620	92.94	979 mill.
Double de Genève.............	17.103	53.67	913
4 ducats de Berne............	13.810	46.47	979
Pistole de Berne......	7.648	23.65	900
Pistole de Bâle..............	7.685	23.44	889
Double de Zurich.............	6.940	23.42	982
2 ducats de Berne............	6.905	23.23	979
Sequin de Zurich.............	3.468	11.71	983
Ducat de Berne.....	3.452	11.61	799
Ducat de Bâle...............	3.187	10 »	915

Citons encore, parmi les anciennes pièces d'or, la pistole de Lucerne (23 fr. 18), la pistole de Soleure (23 fr. 62), la vieille pistole de Genève (20 fr. 20) et la pistole neuve de Genève (17 fr. 84).

Anciennes monnaies d'argent :

	Poids. GR.	F. C.	TITRE.
Écu de la Confédération (Guillaume Tell)..................	30.000	5.95	900 mill.
Écu de Berne, 4 franken........	29.319	5.84	904
Gros écu de Genève...........	30.156	5.72	870
Patagon de Genève, 3 livres courantes......................	27.087	5.04	844
Écu de 4 franken de Bâle.......	29.480	5.85	900
Écu de 3 franken de Bâle.......	25.814	4.94	869
Écu de Zurich, 2 florins........	25.194	4.51	813
1 franken 1/2 de Bâle, 15 batzen.	12.597	2.47	869
Florin de Zurich, 60 kreuzer....	12.597	2.25	813
Livre courante de Genève.......	9.029	1.68	844
Franken de Bâle, 10 batzen......	7.500	1.49	900
Franken de Berne.............	7.330	1.46	904

Enfin, en 1851, il y eut une réforme monétaire complète dans tous les cantons. On a adopté le système monétaire français dans toutes ses conséquences, en sorte que les espèces d'argent ont exactement le même poids et le même titre que les espèces fran-

1 franc.

çaises. Cependant ils ont préféré pour les pièces de 20 centimes, de 10 centimes et de 5 centimes un alliage blanc, contenant une petite portion d'argent, du cuivre et du zinc. Il n'y a donc, en monnaies de cuivre pur, que des pièces de 2 centimes et de 1 centime.

La loi promulguée, le 14 juillet 1866, définit une unité de poids et de titre pour toutes les monnaies, et impose même jusqu'à la concurrence de 50 fr. l'obligation pour les particuliers de recevoir les pièces suisses, françaises, belges et italiennes.

La Suisse fait partie de la Convention internationale du 5 novembre 1878. Malgré une loi spéciale du 22 décembre 1870, elle n'a pas encore frappé de monnaies d'or.

2 francs.

ITALIE

28,800,000 habitants.

Circulation métallique.

En or......................... 255.134.980 francs.
En argent à 900 mill......... 364.637.025
En argent à 835 mill. 156.000.000
En bronze.................... 76.190.442

Total................. 851.962.447 francs.
Circulation fiduciaire........ 1.600.000.000 francs.

Le royaume d'Italie a adopté le système monétaire français et, sauf l'effigie du roi, les pièces des deux pays sont entièrement identiques pour le poids, le titre et la valeur (Convention internationale du 5 novembre 1878).

5 lire.

L'unité monétaire est la *lira*, de 100 *centesimi*, égale au franc.

Le mot FERT, trois fois répété, qui se lit sur la

tranche des pièces italiennes, est formé des initiales de la devise suivante :

Fortitudo Ejus Rhodium Tenuit
(sa bravoure sauva Rhodes)

Cette devise était celle d'un prince de la maison de Savoie qui se distingua au célèbre siège de Rhodes (en 1521).

Nous donnerons plus loin les monnaies qui existaient dans les différents États de la péninsule, mais le Piémont ayant été le berceau du royaume actuel, nous indiquons, succinctement, les principales monnaies qui avaient cours à Gênes, en Piémont et en Sardaigne ; elles sont actuellement entièrement démonétisées et n'ont d'autre valeur que comme lingots d'or ou d'argent.

Il y avait à Gênes la *génovine* ou *génoise* d'or de 100 lire, valant 88 fr. 60, au titre de 917 mill. et pesant 28 gr. 17 ; la génovine d'or de 4 pistoles, au même titre, pesant 25 gr. 23 et d'une valeur de 79 fr. 50 ; le *sequin* valant 12 fr., le demi et le quart de sequin, au titre de 889 mill.

20 lire (Sardaigne).

En Piémont et Sardaigne il y avait le *carlin* de 5 pistoles, valant 150 fr. ; la *pistole neuve* valant

28 fr. 45 c., au titre de 906 mill., et le carlin de Sardaigne de 49 fr. 11 c., au titre de 888 mill. Les pièces sardes de 50 et 20 lire étaient analogues à nos pièces de 50 et 20 fr.

50 lire (Sardaigne).

Les monnaies d'argent de Gênes étaient l'*écu* de banque de 8 fr. 15 c.; l'écu de la république ligurienne, au titre de 889 mill., valant 6 fr. 57 c., et ses subdivisions. En Sardaigne, il y avait l'écu de 4 lire, au titre de 896 mill., valant 4 fr. 70 c. En Piémont circulait l'écu de 6 lire, au titre de 906 mill., valant 7 fr. 07 c.

5 lire (Sardaigne).

Citons encore en Sardaigne les pièces plus récentes

de 5 lire et de 1 lira, analogues à nos pièces de 5 fr. et de 1 fr.

Lors du royaume d'Italie, sous Napoléon Ier, on frappa des pièces de 20 et 40 lire, en or, de 5 et 2 lire et de 1 lira, en argent, analogues, comme titre, poids et valeur, aux pièces françaises correspondantes.

1 lira (Sardaigne).

20 lire (Napoléon Ier).

VÉNÉTIE

(Anciennes monnaies.)

Sous la domination autrichienne on comptait, à Venise, par *livres* de 20 kreuzer, valant 85 centimes.

Les anciennes monnaies d'or, au titre de 998 mill., étaient le *sequin* ou *zecchino*, valant 11 fr. 95 c., — la *pistole* ou *doppia nuova*, 19 fr. 60, — et la double pistole, 39 fr. 20.

Sequin.

Écu d'Autriche de 6 livres.

Les principales monnaies d'argent consistaient dans l'*écu* de 6 livres d'Autriche, valant 5 fr. 20, — le demi-écu 2 fr. 60, — la pièce d'une livre, 85 centimes.

LOMBARDIE

(Anciennes monnaies.)

Parmi les anciennes monnaies lombardes, nous citerons les suivantes :

4

Or :

	Poids.		
	GR.	F. C.	TITRE.
Double.....................	6.283	19.65	910 mill.
Sequin.....................	3.491	11.95	993
40 lire 1848...............	12.902	40.00	}
20 » »	6.451	20.00	} 900
10 » »	3.225	10.00	}

40 lire.

Argent :

5 lire 1848................	25.000	5.00	900 mill.
2 » »			
1 lira »	en proportion.		
50 centesimi			

Sous la domination autrichienne, on comptait, comme en Vénétie, par livres autrichiennes de 20 kreuzer, valant 85 centimes.

ÉTATS PONTIFICAUX

(Anciennes monnaies.)

Le gouvernement de Pie IX avait complètement adopté le système décimal et avait adhéré à la convention monétaire passée entre la France, l'Italie, la Belgique et la Suisse, le 14 juillet 1866. Ses monnaies étaient donc entièrement semblables, pour la valeur, le poids et le titre, à celles des quatre puissances ci-dessus. Néanmoins, les monnaies anciennes, quoique n'ayant plus cours légal, étaient encore en usage ; nous croyons utile d'en donner le détail.

Pistole de Pie VII.

Or :

	Poids. GR.	F. C.	TITRE.
10 scudi	17.336	53.60	900 mill.
5 scudi	8.668	26.80	»
2 scudi 1/2	4.334	13.40	»
Scudo	1.733	5.36	»
Pistole de Pie VII	5.470	17.30	917
Sequin de Clément XIII	3.426	11.77	1000

Argent :

	Poids. GR.	F. C.	TITRE.
Scudo (*écu*) de 100 bajocci.....	26.835	5.36	900 mill.
Écu de 50 bajocci.............	13.417	2.65	»
Écu de 20 »	5.367	1.08	»
Écu de 10 »	2.683	».59	800
Écu de 5 »	1.341	».26	»

Écu de 100 bajocci.

5 scudi.

NAPLES ET DEUX-SICILES

(Anciennes monnaies.)

La monnaie de compte était le *ducat*, valant 4 fr. 30. Le ducat se divisait en 10 *carlins* et le carlin, à son tour, en 10 *grains*.

Décuple.

Quintuple.

Or :

	Poids.		
	GR.	F. C.	TITRE
Décuple de 30 ducats.........	37.865	129.91	996 mil.
Quintuple de 15 ducats........	18.933	64.95	»
6 ducats	7.572	25.75	»
3 ducats....................	3.786	12.99	»
Once de Sicile..............	4.408	12.99	859

4.

Argent :

	Poids.		
	GR.	F. C.	TITRE.
Écu de 12 carlins ou 120 grains.	27.619	5.10	833 mill.
Écu de 18 » 100 »	22.810	4.25	»
Pièce de 60 grains..............	13.651	2.55	»
Pièce de 40 grains.............	9.124	1.68	»
Pièce de 20 grains.............	4.562	0.84	»
Pièce de 10 grains.............	2.281	0.41	»

6 ducats.

60 grains.

120 grains.

Sous Joachim Murat, roi de Naples de 1808 à 1814, on frappa des pièces de 20 et 10 lire en or, de 5 et 2 lire et de 1 lira en argent, analogues comme poids, titre et valeur, aux pièces françaises correspondantes.

40 grains.

TOSCANE

(Anciennes monnaies.)

On comptait en Toscane par lire, valant 84 centimes. Les principales pièces étaient:

Sequin.

Or :

	Poids. GR.	F. C.	TITRE.
Le triple sequin ou ruspone au lys.	10.473	36.04	1000 mill.
Sequin......................	3.490	12.01	»
Pistole de Florence ou doppia.	6.700	21.09	915
Rosine ou pièce à la rose......	6.880	21.54	»

Argent :

	Poids. GR.	F. C.	TITRE.
Léopoldone ou Francescone....	27.230	5.60	913 mill.
5 lire du royaume d'Étrurie....	19.652	4.20	957
Lira......................	3.930	».84	»

Ruspone.

lire.

Léopoldone.

GRAND-DUCHÉ DE PARME

(Anciennes monnaies.)

La monnaie de compte de Parme était la livre ou lira, valant 1 franc. Son système monétaire était celui de la France, et il y avait des pièces d'or de 40 et 20 lire (40 et 20 fr.); des pièces d'argent de 5, 2 1 lire, et demi et quart de lira.

2 lire.

Avant l'adoption du système français, on comptait en *doubles* de Ferdinand Ier, valant 22 fr., au titre de 907 mill., et pesant 7 grammes 498. Le *ducat* d'argent, au même titre, pesant 25 grammes 707, valait 5 fr. 20. L'*écu*, au même titre, valait 1 fr. 50 et pesait 7 grammes 344.

DUCHÉ DE LUCQUES

(Anciennes monnaies.)

A Lucques, la monnaie de compte était la lira qui ne valait que 80 c.; cette monnaie avait ses mul-

tiples et ses sous-multiples en argent, mais était au
titre très bas de 658 mill.

1 lira.

RUSSIE

Russie d'Europe............	80,000,000 habitants.
Russie d'Asie..............	13,110,000 —
Total...............	93,110,000 habitants.

Circulation métallique.

En or......................	561.000.000 francs.
En argent et en bronze........	11.000.000
Total.................	572.000.000 francs.
Circulation fiduciaire.........	4.532.000.000 francs.

L'unité monétaire est, en Russie, le *rouble* d'argent, de 100 *kopecks*, valant 4 fr.

1 rouble.

Or:

	Poids.			
	GR.	F.	C.	TITRE.
Demi-impériale, 5 roubles.......	6.545	20.66		} 916.66 mill.
3 roubles....................	3.927	12.40		

Argent :

			Poids.		
			GR.	F. C.	TITRE.
Rouble,	100	kopecks....	20.735	3.99	⎫
Poltinnik,	50	»	10.367	1.99	⎬ 868 mill.
Tchetvertak,	25	»	5.183	0.99	⎭
Abassis,	20	»	4.079	0.45	⎫
Piataltinik,	15	»	3.059	0.34	⎬ 500
Grivenik,	10	»	2.039	0.23	⎬
Pietak,	5	»	1.019	0.11	⎭

Demi-impériale.

Ancien rouble.

Anciennes monnaies d'or :

Impériale, 10 roubles .... 13.084   41.30 }
Ducat, 2 roubles 90 kopecks..... 3.777   11.59 } 916

20 kopecks.

De 1829 à 1844, il a été frappé des pièces de 3 roubles en platine pur. Elles ont été démonétisées en 1845. Elles pesaient 10 grammes 36.

GRAND-DUCHÉ DE FINLANDE

(Province russe.)

2,000,000 d'habitants.

La loi du 9 août 1877 établit comme unité moné-taire pour la Finlande le *markka*, valant 1 fr. et se subdivisant en 100 *penni*. Les pièces d'or de 20 et 10 markkaa, frappées à Helsingfors en 1878, sont identiques, comme titre, poids et valeur, aux pièces d'or de 20 et 10 fr. de l'Union occidentale.

Or :

	Poids. GR.	F. C.	TITRE.
20 markkaa....................	6.452	20. »	900 mill.
10 »	3.226	10. »	

5

Argent :

	Poids.		
	GR.	F. C.	TITRE.
2 markkaa..................	10.365	1.99 ⎫	868 mill.
1 markka, 100 penni..........	5.182	0.99 ⎭	
50 penni...................	2.549	0.42 ⎫	750
25 »	1.274	0.21 ⎭	

POLOGNE

(Anciennes monnaies.)

Avant l'introduction du système russe, l'unité monétaire polonaise était le *florin* qui se subdivisait en 30 *gros*. La valeur du florin était de 60 centimes environ dans la Grande-Pologne et de 1 fr. 20 dans la Petite-Pologne.

Or :

	Poids.		
	GR.	F. C.	TITRE.
Ducat, 25 florins, Grande-Pologne.	4.904	15.44 ⎫	917 mill.
» » Petite-Pologne..	9.808	30.88 ⎭	

Argent :

			Poids.		
10 florins.......	Grande-Pologne.		31.066	5.95	⎫
5 »	»		15.532	2.97	⎪
1 » 30 gros.	»		3.106	» 59	⎬ 869 mill.
10 »	Petite-Pologne.		62.122	11.90	⎪
5 »	»		31.061	5.95	⎪
1 » 30 gros.	»		6.212	1.18	⎭

GRÈCE

1,954,000 habitants.

Circulation métallique.

En or.........................	33.000.000 francs.
En argent....................	16.000.000
Total.................	59.000.000 francs.
Circulation fiduciaire	78.000.000 francs.

Les pièces grecques sont absolument conformes en poids, titre et valeur aux pièces françaises. (Convention internationale du 5 novembre 1878.)

L'unité monétaire est la *drachme* qui correspond au franc et se subdivise en 100 *lepta*.

1 drachme.

De 1833 à 1867, la drachme valait 0fr,88 d'argent de France. Nous donnons la valeur des pièces de cette époque.

Anciennes monnaies d'or :

	Poids. GR.	F. C.	TITRE.
Tessara-conta, 40 drachmes.....	11.552	35.65	900 mill.
Icosi, 20 »	5.776	17.83	»

Anciennes monnaies d'argent :

	Poids. GR.	F. C.	TITRE.
Pente drachme ou écu, 5 drachmes.	22.385	4.40	900 mill.
Drachme....................	4.477	».88	»
1/2 drachme, 50 lepta..........	2.238	».44	»
1/4 de drachme...............	1.119	».22	»

Ancienne pièce de 20 drachmes.

ESPAGNE

Espagne..................	16,800,000	habitants.
Possessions coloniales......	9,619,000	—
Total général...........	26,419,000	habitants.

Circulation métallique.

En or.......................	675.000.000	francs.
En argent à 900 mill.........	200.000.000	
En pièces à bas titre........	125.000.000	
Total...............	1.000.000.000	francs.
Circulation fiduciaire.........	150.000.000	francs.

Par décret du 19 octobre 1868, l'Espagne a adopté la convention monétaire française de 1865. En vertu de ce décret, l'unité monétaire est la *peseta* égale au franc et le système est identique à celui de l'Union occidentale. La seule exception est la pièce d'or de 25 pesetas dite *alphonse d'or*, au lieu de notre pièce de 20 fr.

25 pesetas.

Or :

		Poids.		
		GR.	F. C.	TITRE.
100 pesetas		32.258	100. »	
50 »		16.129	50. »	
25 »	(Alphonse d'or)	8.065	25. »	900 mill.
10 »		3.225	10. »	
5 »		1.612	5. »	

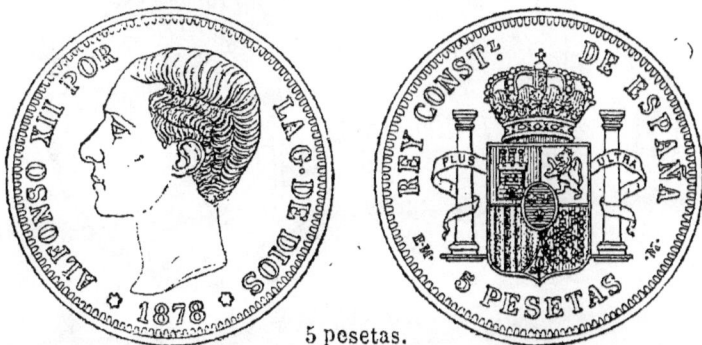

5 pesetas.

Argent :

	Poids.	F. C.	TITRE.
5 pesetas	25.000	5. »	900 mill.
2 »	10.000	1.86	
1 peseta	5.000	0.93	835
Demi-peseta (2 réaux)	2.500	0.46	

Il existe peu de pièces frappées suivant le décret de 1868. La plupart des pièces en circulation sont frappées d'après le système de la loi du 26 juin 1864, dans lequel l'unité monétaire est l'*escudo* d'argent, écu de 10 *réaux*, valant 2 fr. 60.

Or :

	Poids. GR.	F. C.	TITRE.
Doublon, 10 escudos...........	8.387	26. »	
4 escudos....................	3.355	10.40	900 mill.
2 »	1.677	5.20	

Argent :

	Poids.		TITRE.
Duro, 2 escudos...............	25.960	5.19	900
Escudo, 10 réaux.............	12.980	2.60	
Peseta, 4 »	5.192	0.93	
Demi-peseta..................	2.596	0.47	810
Réal........................	1.298	0.23	

Quadruple.

On trouve encore en circulation d'anciennes monnaies d'or espagnoles dont il peut être utile de connaître la valeur et le titre. Les principales sont :

	F. C.	TITRE.
Quadruple frappée avant 1772...........	85.44	917 mill.
» » de 1772 à 1786.......	83.49	896
» » depuis 1786.........	81.55	875
Escudillo de oro ou durillo..............	5.46	902

Demi-quadruple, 2 pistoles
Pistole, 4 piastres
·Piastre, 20 réaux

} à proportion de leur titre, suivant la date de leur émission.

Ancienne pistole.

Ancienne piastre d'or.

Ancienne peseta.

Ancienne piastre forte.

Parmi les anciennes monnaies d'argent, nous cite-rons encore : l'ancienne piastre forte, valant 5 fr. 38, et l'ancienne peseta, 1/5 de piastre, valant 1 fr. 04.

PORTUGAL

Portugal...................... 4,841,000 habitants.
Colonies..................... 3,656,000   —
       Total............... 8,497,000 habitants.

Circulation métallique.

En or........................ 364.000.000 francs.
En argent et en bronze....... 78.000.000
       Total................ 442.000.000 francs.
Circulation fiduciaire......... 150.000.000 francs.

En vertu de la loi du 29 juillet 1854, l'unité monétaire est le *milreis* d'or, valant 5^{fr},60.

Or :

	Poids. GR.	F. C.	TITRE.
Couronne, 10 milreis..........	17.735	56. »	
Demi-couronne................	8.868	28. »	916.66 mill.
1/5 couronne, 2 milreis........	3.547	11.20	
1/10 » 1 »	1.774	5.60	

Argent :

	Poids. GR.	F. C.	TITRE.
5 testons, 500 reis............	12.500	2.55	
2 » 200 »	5.000	1.02	916.66 mill.
Teston, 100 »	2.500	».51	
1/2 teston, 50 »	1.250	».25	

Il serait trop long d'énumérer ici toutes les anciennes monnaies portugaises d'or et d'argent. Nous nous bornerons simplement à indiquer celles que l'on rencontre le plus fréquemment dans la circulation.

Anciennes monnaies d'or :

	Poids.		
	GR.	F. C.	TITRE.
Dobrao, 12,800 reis..............	28.66	90.43	
Demi-dobrao, 6,400 reis..........	14.33	45.27	
Quart de dobrao, 3,200 reis......	7.20	22.68	917 mill.
Portugaise de 7,500 reis........	14.32	44.95	
Demi-couronne d'or, 2,500 reis...	4.78	15.40	

Demi-couronne d'or.   Portugaise.

Quart de dobrao.   Demi-dobrao.

5.

Anciennes monnaies d'argent :

	Poids.		
	GR.	F. C.	TITRE.
Couronne de 1,000 reis.............	29.60	6.06	
Demi-couronne de 500 reis.......	14.80	3.03	917 mill.
Cruzade neuve de 400 reis.......	14.63	2.94	
Pièce de 120 reis...............	3.05	».61	

Demi-couronne.

Cruzade.

120 reis.

EMPIRE OTTOMAN

Turquie d'Europe.........	6,534,000	habitants.
État vassal (Bulgarie).......	2,000,000	—
Turquie d'Asie............	17,537,000	—
États tributaires d'Afrique (Égypte, Tripoli).........	18,386,000	—
Total général......	44,457,000	habitants.

D'après la loi de 1844, l'unité monétaire turque est la *piastre (grusch)*, valant 22 centimes et se divisant en 40 *paras*. La *bourse* d'or vaut 30,000 piastres.

Or :

	Poids. GR.	F. C.	TITRE.
500 piastres (bourse turque)....	36.082	113.92	
250 »	18.041	56.96	
100 » (livre turque)......	7.216	22.78	916.66 mill.
50 » (ellibik)..........	3.608	11.39	
25 »	1.804	5.70	

50 piastres.

Argent :

20 piastres (jirmilik)..........	24.055	4.44	
10 » (oulik).............	12.028	2.22	
5 » (beschlik)..........	6.014	1.11	830 mill.
2 » (jkilik).............	2.405	0.44	
Piastre, 40 paras.........	1.203	0.22	
Demi-piastre, 20 paras....	0.601	0.11	

Les anciennes monnaies d'or étaient généralement au titre de 915 millièmes. Elles ne peuvent
être acceptées que comme matière intrinsèque.

20 piastres.

Pièce de Mehemet-Ali.

Quant aux anciennes monnaies d'argent, leur
titre variant de 830 à 550 mill., il est difficile de les
accepter comme matière, à moins d'en faire fixer le
titre.

La pièce dite de Mehemet-Ali valait 4^{fr},75.

BULGARIE

2,000,000 d'habitants.

A l'exemple de la Roumanie et de la Serbie, la Bulgarie a adhéré, en septembre 1880, au système de l'Union occidentale. L'unité monétaire est le *lew*, valant 1 franc.

Or :

	Poids. GR.	F. C.	TITRE.
20 lew ou *alexandre d'or*.......	6.452	20 »	900 mill.

Argent :

2 lew.....................	10.000	1.86	
1 »	5.000	» 93	835 mill.
1/2 »	2.500	» 46	

ROUMANIE

5,400,000 habitants.

Circulation métallique.

En or.....................	100.000 francs.
En argent à 900 mill..........	25.000.000
En argent à 835 mill..........	30.000.000
En bronze	4.245.000
Total.............	59.345.000 francs.
Circulation fiduciaire	26.260.000 francs.

En vertu des lois des 14 avril 1867 et 20 avril 1879, l'unité monétaire, en Roumanie, est le *leu*, à 100 *bani*, valant 1 franc.

Or :

	Poids.		
	GR.	F. C.	TITRE.
20 lei...	6.452	20. »	⎫
10 »	3.226	10. »	⎬ 900 mill.
5 »	1.613	5. »	⎭

5 lei.

Argent :

5 lei......................	25.000	5. »	900 mill.
2 »	10.000	1.86	⎫
1 leu......................	5.000	».93	⎬ 835
Demi-leu, 50 bani.............	2.500	».46	⎭

SERBIE

1,685,000 habitants.

Par la loi du 10 décembre 1878, la Serbie a adhéré au système de l'Union occidentale en prenant comme unité monétaire le *dinar* de 100 *paras*, valant 1 franc.

Or :

	Poids. GR.	F. C.	TITRE.
20 dinars....................	6.452	20. »	⎱ 900 mill.
10 »	3.226	10. »	⎰

Argent :

	Poids. GR.	F. C.	TITRE.
5 dinars....................	25.000	5. »	900 mill.
2 »	10.000	1.86	⎱
1 dinar....................	5.000	».93	⎰ 835
50 paras....................	2.500	».46	

TUNISIE

2,100,000 habitants.

L'unité monétaire tunisienne est la *piastre* valant 62 centimes et se subdivisant en 16 *karubs*.

Or :

	Poids. GR.	F. C.	TITRE.
100 piastres (boumia)...........	19.492	60.45	⎫
50 »	9.746	30.23	⎬
25 »	4.873	15.11	⎭ 900 mill.
10 »	1.949	6.05	
5 »	0.974	3.02	

Argent :

	Poids. GR.	F. C.	TITRE.
2 piastres....................	6.194	1.24	⎱ 900
1 piastre, 16 karubs...........	3.097	0.62	⎰

Le *karub* est une petite monnaie de cuivre valant un peu plus de 3 centimes.

ÉGYPTE

17,386,000 habitants.

L'unité monétaire de l'Égypte est la *piastre*, de 40 *paras*, valant 0^{fr},2573 de notre monnaie. Vingt piastres égyptiennes valent vingt-trois piastres turques.

Or :

	Poids. GR.	F. C.	TITRE.
100 plastres.............	8.544	25.73	
50 »	4.272	12.86	875 mill.
25 »	2.136	6.43	

Argent :

10 piastres.............	12.500	2.50	
5 »	6.250	1.25	900 mill.
2 1/2 »	3.125	0.63	
1 piastre.............	1.250	».25	

Pour le commerce en gros avec l'extérieur, on se sert principalement de pièces étrangères, telles que piastres espagnoles, thalers species allemands, pièces de 5 fr. et de 20 fr. de France, souverains d'Angleterre. Nous croyons utile de donner ici une moyenne du cours auquel on compte en Égypte les monnaies étrangères. Ce que l'on appelle la *bourse* égyptienne ou *kiss* vaut 500 piastres, c'est-à-dire 125 fr.

Quadruple espagnole..............	315 piastres égyptiennes.	
Souverain anglais.................	100 »	»
Pièce de 20 fr. de France.........	79 »	»
Ducat égyptien...................	46 »	»
Piastre espagnole	21 »	»
Thaler species...................	20 »	»
Pièce de 5 fr. de France..........	19 1/2 »	»

Les thalers species sont désignés en Egpyte sous les noms de talari, patalkas ou thalers de Marie-Thérèse.

MAROC

6,300,000 habitants.

On compte au Maroc en *métikals*, de 10 *onces*. Le métikal vaut, à peu près, une demi-piastre espagnole, soit 2^{fr},63. Pour le commerce extérieur, on compte en piastres fortes d'Espagne, divisées en 100 centavos.

Les monnaies marocaines sont très mal frappées et n'ont nullement la valeur qu'elles doivent représenter.

Or :

	F. C.
Madridia, doublon.........................	52.50
Bendoki ou bataka.........................	10.50
Demi-bendoki.............................	5.26

Argent :

Métikal, 10 onces.....................	2.63

Il existe aussi une petite pièce d'argent valant 6 centimes et nommée *muzuna* ou *blanquillo*.

———

ILE MAURICE

345,000 habitants.

En 1876, on a établi à l'île Maurice la roupie des Indes anglaises comme unité monétaire.

———

LE CAP, NATAL, TRANSVAAL

Environ 2,000,000 d'habitants.

Monnaies anglaises frappées en Angleterre ou en Australie.

———

COCHINCHINE FRANÇAISE

1,592,000 habitants.

Il n'y a pas de monnaie d'or. L'unité monétaire est la *piastre* d'argent, valant 5^{fr},44.

Argent :

	Poids. GR.	F. C.	TITRE.
Piastre de commerce............	27.215	5.44	
Demi-piastre..................	13.603	2.72	900 mill.
Cinquième de piastre..........	5.443	1.08	
Dixième de piastre............	2.721	».54	

EMPIRE CHINOIS

426,134,000 habitants.

La seule monnaie réelle de la Chine est le *cash*, appelé aussi *li* ou *sapèque*, valant 7 millièmes et demi. C'est une monnaie de plomb et de cuivre, de forme irrégulière, fondue et non frappée. Les cashs sont percés, au milieu, d'un trou carré qui sert à les enfiler par cent et par mille : 100 cashs enfilés forment un *tsien* ou *mace*, valant 0^{fr},756 ; 1000 cashs forment un *taël*, valant 7^{fr},56.

Il n'est naturellement pas possible de traiter des affaires de gros avec une semblable monnaie. Aussi se sert-on dans le commerce de la piastre espagnole comptée à raison de 100 pour 72 taëls. On emploie aussi le dollar de commerce (trade dollar) des États-Unis, à raison de 278 pour 200 taëls, et le rouble russe à raison de 378 pour 200 taëls. De plus, l'or et l'argent circulent dans le commerce en lingots irréguliers dont le titre est variable. Il y a des lingots d'or, la plupart de 10 taëls, aux titres de 930 à 940 millièmes ; et des lingots d'argent depuis un demi-taël jusqu'à 100 taëls, aux titres de 800 à 940 millièmes. Chaque lingot porte l'indication de son poids.

JAPON

34,338,000 habitants.

Circulation métallique.

En or......................... 150.000.000 francs.
En argent et en bronze........ 50.000.000

Total................. 200.000,000 francs.
Circulation fiduciaire.......... 750.000.000 francs.

En vertu de la loi de 1871, un nouveau système monétaire a été établi au Japon, suivant les bases du système décimal français, avec le titre de 900 millièmes, mais en se rapprochant, pour le poids et la valeur, des monnaies des États-Unis de l'Amérique du Nord.

L'unité monétaire est actuellement le *yen* d'or, valant 5^{fr},17 et se subdivisant en 100 *sen*. L'ancienne monnaie de compte était l'*itsibou*, valant 1^{fr},75.

Or :

	Poids. GR.	F. C.	TITRE.
20 yen	33.333	103.33	
10 »	16.667	51.67	
5 »	8.333	25.83	900 mill.
2 »	3.333	10.33	
1 »	1.667	5.17	

Argent :

1 yen	26.956	5.39	900 mill.
50 sen	12.500	2.22	
20 »	5.000	».89	800
10 »	2.500	».44	
5 »	1.250	».22	

PERSE

7,000,000 d'habitants (?).

En Perse on compte en *thomans* et en *schahis*.
Le thoman vaut 11^{fr},86 et est divisé en 100 schahis.

Or :

	Poids.		
	GR.	F. C.	TITRE.
Thoman, 100 schahis.........	3.76	11.86	916 mill.
Demi-thoman, 50 »	1.88	5.93	

Argent :

Schahib-kéran, 20 schahis.......	10.40	2.08	900 mill.
Banabat, 10 »	5.20	1.04	
Abassis, 4 »	2.08	0.41	

En 1879, on a commencé à frapper en Perse des
monnaies d'or et d'argent, conformes au système
monétaire français, et au titre de 900 millièmes.

Or :

	F. C.
2 thomans,.......................................	20. »
1 thoman......................................	10. »
Demi-thoman,..................................	5. »
2 hazaris....................................	2. »

Argent :

2 crans.....................................	2. »
1 cran......................................	1. »

On fabriquait autrefois en Perse une monnaie de

forme singulière appelée *larin*. Les larins sont des fils d'argent, souvent pliés en deux, dont le titre varie entre 950 et 980 mill. et dont le poids est généralement de 4gr,80.

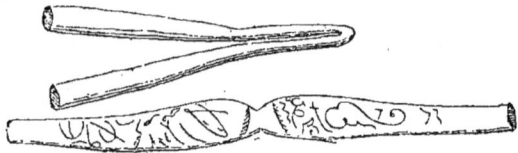

Larins.

SIAM

5,800,000 habitants.

L'unité monétaire est le *tical* d'argent qui vaut 3fr,25 et se subdivise en 4 *selungs*, 8 *fuangs*, 32 *pies* et 64 *atts*. L'att est une petite pièce d'étain qui vaut 0fr,05. Le pie est en cuivre et vaut 0fr,10. Il n'y a pas de monnaie d'or. Pour les fortes sommes, on calcule par multiples du tical afin de simplifier les comptes. Ainsi,

1 tamlung	=		4 ticals	=	13 fr.
1 chang	=	80	»	=	260
1 hap	=	4.000	»	=	13.000
1 tara	=	400.000	»	=	1.300.000

Les monnaies en circulation sont les suivantes :

Argent :

	Poids. GR.	F. C.	TITRE.
1 tical.............	15.000	3.25	
1/4 tical ou solung.	3.250	».81	un peu plus de 900 mill.
1/2 solung ou fuang.	1.625	».40 1/2	

Avant le roi Mongkut qui régna de 1851 à 1868, le tical et ses subdivisions en argent avaient une forme à peu près sphérique et portaient simplement un poinçon royal spécial à chaque règne. On frappe maintenant des pièces en disques, analogues aux nôtres et portant d'un côté le sceau royal et de l'autre l'éléphant emblématique du royaume de Siam.

INDES ANGLAISES

252,560,000 habitants.

En vertu du règlement du 6 septembre 1870, l'unité monétaire est la *roupie* d'argent, valant 2^{fr},38 et se subdivisant en 16 *annas* et 192 *pice*. On appelle *lac* 100,000 roupies.

Les monnaies d'or n'ont pas cours légal, tandis que la roupie et la demi-roupie ont cours légal illimité dans les paiements. Les monnaies d'argent frappées en vertu des règlements de 1835, 1838 et 1862, restent en circulation avec leur valeur libératoire.

Or :

			Poids.		
			GR.	F. C.	TITRE.
Double mohur,	30	roupies......	23.328	73.63	
Mohur,	15	»	11.664	36.83	916.66 mill.
2/3 mohur,	10	»	7.776	24.55	
1/3 »	5	»	3.888	12.28	
Mohur de Seringapatam........			12.740	40.55	917

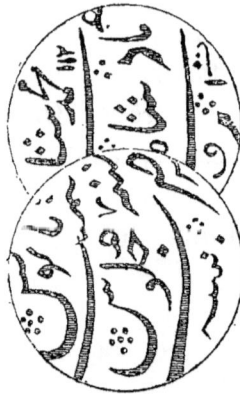

Mohur de Seringapatam.

Mohur.

Argent :

			Poids.		
			GR.	F. C.	TITRE.
Roupie,	16	annas...........	11.664	2.38	
1/2 roupie,	8	»	5.832	1.19	916.66 mill.
1/4 »	4	»	2.916	».59	
1/8 »	2	»	1.458	».30	

CEYLAN

2,458,000 habitants.

Depuis 1869, l'unité monétaire, dans l'île de Ceylan, est la roupie des Indes anglaises.

ÉTATS-UNIS DE L'AMÉRIQUE DU NORD

50,275,000 habitants.

Circulation métallique.

En or............................	1.600.000.000	francs.
En argent à 900 mill...........	283.000.000	
En pièces à bas titre..	337.000.000	
Total..................	2.220.000.000	francs.
Circulation fiduciaire	3.700.000.000	francs.

En vertu de la loi du 12 février 1873, l'unité monétaire est le *dollar* d'or, valant 5^{fr},18 et se subdivisant
en 100 *cents*.

Or :

	Poids. GR.	F. C.	TITRE.
20 dollars, double aigle.........	33.436	103.65	
10 » aigle...............	16.718	51.83	
5 » demi-aigle..........	8.359	25.91	900 mill.
3 »	5.015	15.55	
2 1/2 »	4.179	12.95	
1 dollar....................	1.672	5.18	

1 dollar.

5 dollars.

Des pièces d'or de 20 et 10 dollars, frappées en
Californie, portent leur poids et leur titre marqués
sur le diadème de l'effigie emblématique de la liberté.

6

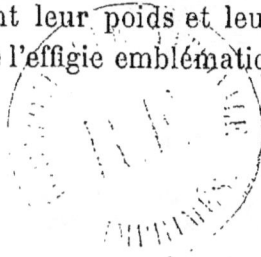

Le double aigle d'or, de 1810, était à 917 mill..

Argent :

	Poids. GR.	F. C.	TITRE.
Trade dollar..................	27.215	5.44	
Dollar, 100 cents..............	26.729	5.34	
1/2 dol. 50 »	12.500	2.50	900 mill.
1/4 » 25 »	6.250	1.25	
20 cents.....................	5.000	1 »	
10 » dîme.................	2.500	» 50	

Les pièces divisionnaires d'argent de 5, 3 et 1 cents · sont à bas titre.

1 dollar.

Ancien dollar.

Avant 1837, les dollars d'argent étaient au titre de 892 mill. Depuis cette époque, ils sont à 900 mill.

Suspendue en février 1873, la fabrication du dollar d'argent a été reprise en vertu de la loi du 28 février 1878. Il peut, comme le dollar d'or, servir d'étalor légal pour le paiement de toutes les dettes publiques ou privées.

Trade dollar.

Le *trade dollar*, ou dollar de commerce, est une pièce d'argent, frappée depuis 1873 et portant indication de son poids et de son titre. Le trade dollar, doté tout d'abord, comme les autres pièces d'argent, de la force libératoire, jusqu'à la somme de 5 dollars, en a été privé par la loi du 22 juillet 1876.

MEXIQUE

9,543,000 habitants.

Circulation métallique.

En or...................... 25.000.000 francs.
En argent et en bronze........ 235.000.000
Total.................. 260.000.000 francs.

Depuis 1867, le Mexique a un système monétaire décimal. On compte en *pesos* et *centavos*. L'unité est le peso d'argent, de 100 centavos, valant 5ᶠʳ,43.

Peso.

Or :

	Poids.		
	GR.	F. C.	TITRE.
20 pesos	33.841	101.99	
10 »	16.921	50.99	
5 »	8.460	25.49	875 mill.
2 1/2	4.230	12.75	
1 peso	1.692	5.10	

Argent :

	Poids.			
	GR.	F.	C.	TITRE.
Peso, 100 centavos............	27.073	5.43		
50 centavos...................	13.586	2.71		
25 »	6.768	1.35		902,7 mill.
10 »	2.707	» 54		
5 »	1.352	» 27		

Avant 1867, on comptait en pesos (ou piastres d'argent), divisés en 8 réaux d'argent, 4 quartillos, 3 grains. Le titre de ces piastres varie de 895 à 903 mill.; quelques pièces anciennes contiennent même un peu d'or (de 5 décigr. à 1 gr. par 1000 gr. d'argent). Leur valeur moyenne est d'environ 5^{fr},40.

Ces pièces sont répandues en Amérique, dans l'Inde, en Chine, dans l'Archipel indien, en Perse, en Afrique, en Turquie, etc.

Nous croyons utile de donner ici le poids, le titre et la valeur des anciennes pièces mexicaines encore en circulation.

Anciennes monnaies d'or :

	Poids.			
	GR.	F.	C.	TITRE.
Once d'or ou quadruple pistole.	27.000	81.37		
Double pistole...............	13.500	40.69		
Pistole, 4 piastres............	6.750	20.34		875 mill.
Escudo, 1/2 pistole...........	3.375	10.17		
Escudillo, 1/4 pistole.........	1.687	5.09		

Anciennes monnaies d'argent :

	Poids.			
Piastre, 8 réaux..............	27.000	5.42		
1/2 piastre, 4 réaux......,.....	13.500	2.71		903 mill.
1/4 piastre, 2 »	6.750	1.35		généralement.
Réal de plata................	3.375	» 68		
1/2 réal.....................	1.687	» 34		

Le titre de ces monnaies ayant beaucoup varié, elles ne sont reçues au change de la Monnaie de Paris que suivant leur origine et le millésime de leur fabrication.

Quadruple pistole.

GUATEMALA

1,191,000 habitants.

Or :

	Poids. GR.	F. C.	TITRE.
Quadruple ou once d'or.......	27.000	81.37	875 mill.
Piastre d'or.................	1.687	5.08	

Argent :

Piastre d'argent...............	27.000	5.42	903 mill.

ÉTATS-UNIS DE COLOMBIE

(ANCIENNE NOUVELLE-GRENADE)

3,000,000 d'habitants.

Circulation métallique.

En or.......................	5.000.000	francs.
En argent...................	20.000.000	
Total.................	25.000.000	francs.
Circulation fiduciaire	20.000.000	francs.

Avant la loi du 9 juin 1871, on comptait en piastres mexicaines à 8 réaux ou à 100 cents. Aujourd'hui, on compte par *pesos* et *decimos*. L'unité monétaire est le peso d'or valant 5 fr. Les monnaies des États-Unis de Colombie sont absolument identiques aux nôtres, comme poids, titre et valeur.

Or :

	Poids. GR.	F. C.	TITRE.
20 pesos, double condor........	32.258	100.00	900 mill.
10 » condor............ ..	16.129	50.00	

Argent :

1 peso.....................	25.000	5.00	900 mill.
2 decimos...................	5.000	» 93	
1 decimo...................	2.500	» 46	835
1/2 »	1,250	» 23	

Ces trois dernières pièces portent l'indication de leur poids et de leur titre.

BRÉSIL

11,109,000 habitants.

Circulation métallique.

En or.......................	26.100.000	francs.
En argent....................	48.200.000	
Total.................	74.300.000	francs.
Circulation fiduciaire...........	610.000.000	francs.

En vertu des lois de 1870 et 1873, l'unité monétaire brésilienne est le *milreis* valant 2^{fr},83.

Il y a quelques années, toutes les contributions, tous les droits, toutes les transactions commerciales se payaient en monnaie courante, c'est-à-dire en papier émis par le gouvernement. Aujourd'hui, la circulation du papier-monnaie tend à se réduire, tandis que celle de la monnaie métallique va sans cesse en augmentant.

Or :

	Poids. GR.	F. C.	TITRE.
20 milreis....................	17.929	56.63	
10 »	8.965	28.32	917 mill.
5 »	4.482	14.16	

Argent :

2 milreis....................	25.500	5.19	
1 »	12.750	2.60	917 mill.
500 reis....................	6.375	1.30	

Sous la domination portugaise qui cessa en 1822, le Brésil avait les mêmes monnaies que la métro-pole (Voir les anciennes monnaies portugaises, pages 81 et 82).

———

CHILI

2,336,000 habitants.

Par les lois des 9 janvier 1851 et 25 octobre 1870, le Chili a adopté le système monétaire décimal basé sur la piastre d'argent, ayant mêmes poids, titre et valeur que la pièce de 5 fr. de France.

Peso.

Le *peso* (piastre) se divise en 10 *decimos* et 100 *cen-tavos*. La monnaie française est admise comme celle du pays. Dans le commerce, les monnaies anglaises, américaines et espagnoles sont reçues suivant un cours variable.

Or :

	Poids. GR.	F. C.	TITRE.
10 pesos ou condor.............	15.253	47.28	⎫
5 » ou doblon............	7.627	23.64	⎬ 900 mill.
2 » ou escudo............	3.050	9.45	⎬
1 peso................... ..	1.525	4.73	⎭

Argent :

1 peso, 100 centavos...........	25.000	5.00	⎫
50 centavos......	12.500	2.50	⎬
20 »	5.000	1.00	⎬ 900 mill.
1 decimo................. ...	2.500	» 50	⎬
1/2 »	1.250	» 25	⎭

PÉROU

3,050,000 habitants.

Circulation métallique.

En or.........................	1.000.000 francs.
En argent...................	9.000.000
Total.................	10.000.000 francs.
Circulation fiduciaire.........	65.000.000 francs.

Par suite des lois du 31 janvier 1863 et du 14 février 1864, le système monétaire français est établi au Pérou. L'unité est la pièce de 5 fr. appelée *sol*. Les pièces sont identiques en poids, titre et valeur à celles de la France d'avant 1865, à l'exception des pièces de 20 fr. et de 2 fr. qui sont remplacées par des pièces de 25 fr. et de 2^{fr},50. Le sol se subdivise en deniers (*dineros*) et en *centavos*.

Or :

	Poids.			
	GR.	F.	C.	TITRE.
20 sols............	32.258	100	»	
10 »	16.129	50	»	
5 »	8.065	25	»	⎫ 900 mill.
2 »	3.226	10	»	
1 sol.....................	1.613	5	»	

Argent :

1 sol.....................	25.000	5	»	
1/2 sol, 5 dineros.............	12.500	2	50	
1/5 » 2 »	5.000	1	»	⎫ 900
1 dinero, 10 centavos.........	2.500	»	50	
1/2 » 5 »	1.250	»	25	

———————

ÉTATS-UNIS DE VÉNÉZUELA

1,784,000 habitants.

En vertu de la loi du 11 mai 1871, on a adopté dans les États-Unis de Vénézuela le système monétaire français. Comme au Pérou, la base du système est la pièce de 5 fr. appelée *venezolano*, à 10 *decimos* et 100 *centavos*.

Or :

	Poids.			
	GR.	F.	C.	TITRE.
20 venezolanos, bolivar.........	32.258	100	»	
10 »	16.129	50	»	⎫ 900 mill.
5 »	8.065	25	»	
1 venezolano...............	1.613	5	»	

Argent :

	Poids.			
	GR.	F.	C.	TITRE.
1 venezolano, 10 decimos.......	25.000	5	»	900 mill.
1/2 » 5 »	12.500	2.32		
2 decimos....................	5.000	»	93	835
1 decimo, 10 centavos........	2.500	»	46	
5 centavos..................	1.250	»	23	

RÉPUBLIQUE DE L'URUGUAY

447,000 habitants.

Il n'y a que des pièces d'argent. L'unité monétaire est le *peso* ou piastre, valant légalement 5ᶠʳ,36. Le système est du reste analogue au nôtre, sauf pour la pièce de 2 fr. qui est remplacée par une pièce de 2ᶠʳ,50. Le peso se subdivise en 100 *centesimos*.

Argent :

	Poids.			
	GR.	F.	C.	TITRE.
1 peso......................	25.000	5	»	
1/2 » 50 centesimos..........	12.500	2.50		900 mill.
20 centesimos...............	5.000	1	»	
10 »	2.500	»	50	

Les monnaies étrangères circulent dans la république de l'Uruguay avec un caractère légal et une valeur fixée comme il suit par la loi du 9 juin 1873 :

20 fr. de France....................	3 pesos,	73	centesimos
Condor chilien......................	8 »	82	»
Aigle des États-Unis................	9 »	66	»
20 mark d'Allemagne................	4 »	60	»
5 fr. (en argent) de France.........	0 »	96	»

RÉPUBLIQUE ARGENTINE

2,400,000 habitants.

L'unité monétaire commerciale est le *peso-papel* (piastre de papier) se subdivisant en 8 réaux et valant légalement 0^{fr},216 (décret de 1866). On compte également en *piastres fortes* de 5^{fr},40. La piastre forte se subdivise en 10 *decimos*, 100 *centavos* et équivaut à 25 piastres de papier.

Les monnaies réelles en circulation sont les suivantes :

Or :

Once ou doublon d'Espagne............	400 piastres de papier.	
Demi-doublon d'Espagne..	200 »	»
Souverain anglais....................	122 1/2»	»
Quart de doublon d'Espagne..........	100 »	»
Pièce de 20 fr. de France............	97 »	»

Argent :

Piastre forte............... 25 piastres de papier = 5 fr. 40

Le gouvernement de la République Argentine a décidé de frapper des monnaies d'après le même principe que les nôtres et ayant pour base le *peso* d'argent valant exactement 5 fr. Voici ces nouvelles monnaies :

Or :

	Poids.			
	GR.	F.	C.	TITRE.
Argentino....................	8.064	25	»	900 mill.
Medio-argentino.............	4.032	12.50		900 mill.

7

Argent :

Peso, 100 centavos............	25.000	5 »	900 mill.
50 centavos..................	12.500	2 32	
20 »	5.000	» 93	835 »
10 »	2.500	» 46	
5 »	1.250	» 23	

RÉPUBLIQUE D'HAITI

700,000 habitants.

L'unité monétaire est la piastre de 100 centavos valant 5^{fr},25.

RÉPUBLIQUE DOMINICAINE

600,000 habitants.

On compte en piastres de 100 centavos, valant 5^{fr},25.

RÉPUBLIQUE DE L'ÉQUATEUR

1,146,000 habitants.

En vertu des lois du 5 décembre 1865 et du 21 novembre 1871, le système monétaire de l'Equateur est décimal. L'unité est la *piastre forte*, égale à notre pièce de 5 fr. et divisée en 10 *réaux* et 100 *centavos*. Son titre est de 900 millièmes.

L'ancienne piastre, dite *piastre faible*, valait 4 francs.

La circulation monétaire se compose surtout de pièces européennes, péruviennes, chiliennes, colombiennes.

RÉPUBLIQUE DE BOLIVIE

2,000,000 d'habitants.

L'unité monétaire est la piastre valant 5^{fr},40, divisée en 8 réaux.

Or :

	Poids.		
	GR.	F.	TITRE.
Once, 17 piastres............	21.394	91.80	
Écu d r, 4 piastres 1/4........	4.388	22.95	901 mill.
Demi-écu, 2 piastres 1/8.......	2.194	11.47	

Argent :

Piastre, 8 réaux.............	27.000	5.40	900 mill.
Bolivian, 4 réaux...................		2.50	à bas titre.

CANADA

4,352,000 habitants.

On compte en *dollars* et en *cents*. L'unité monétaire est le dollar d'or des États-Unis de l'Amérique du Nord, valant 5^{fr},18. Le souverain d'Angleterre a cours légal pour 4 dollars 87 cents.

En vertu d'une proclamation du gouverneur général du Canada, toute monnaie d'or étrangère peut être déclarée monnaie légale pour sa valeur intrinsèque. Quant aux monnaies d'argent étrangères, elles ne sont légalement admises dans un paiement que jusqu'à 10 dollars.

TERRE-NEUVE
161,000 habitants.

Comme au Canada, on compte à Terre-Neuve en dollars et en cents; mais l'unité monétaire est un dollar idéal, dont 985 valent 1000 dollars d'or des États-Unis. L'or des États-Unis, les anciens doublons d'Espagne et les souverains d'Angleterre ont cours légal, suivant leur valeur intrinsèque.

CUBA
1,400,000 habitants.

Quoique, légalement, le système monétaire soit le même qu'en Espagne, de fait, on compte à Cuba par pesos ou dollars, à 8 réaux, et valant $5^{fr},33$. Le réal, à 4 quartillos, vaut 66 centimes.

Aujourd'hui, le *peso* se divise en 100 *centavos*. Les monnaies courantes sont la quadruple ou once d'or et la piastre mexicaine d'argent. On se sert beaucoup aussi de pièces d'or et d'argent espagnoles, mexicaines et des États-Unis de l'Amérique du Nord.

AUSTRALIE ET NOUVELLE-ZÉLANDE

3,200,000 habitants.

Or :

Monnaies anglaises frappées à Londres, Melbourne et Sydney.

Argent :

Monnaies anglaises frappées à Londres.

COLONIES HOLLANDAISES

28,100,000 habitants.

D'après la loi du 1er mai 1854, les monnaies suivantes sont spéciales aux colonies hollandaises. Les monnaies de la métropole y ont également cours.

Argent :

	Poids. GR.	F. C.	TITRE.
1/4 florin....................	3.180	» 51	
1/10 »	1.250	» 20	720 mill.
1/20 »	0.610	» 10	

ILES PHILIPPINES

7,450,000 habitants.

Aux Iles Philippines, colonie espagnole, l'unité

monétaire est le *peso duro* qui se subdivise en
100 *centavos ;* sa valeur est de 5^{fr},10.

Or :

	Poids.		
	GR.	F. C.	TITRE.
Doblon de oro, 4 pesos........	6.766	20.39	
Escudo de oro, 2 pesos........	3.383	10.20	875 mill.
Escudillo de oro, 1 peso.......	1.691	5.10	

Argent :

50 centavos..................	12.980	2.60	
20 »	5.192	1.04	900 mill.
10 » .. ..,......	2.596	» 52	

TARIF

DU

PRIX DES MATIÈRES ET DES ESPÈCES D'OR ET D'ARGENT

A DIFFÉRENTS TITRES

L'ordonnance de 1835 avait établi à 6 fr. les frais de fabrication du kilogramme d'or, et à 2 fr. ceux du kilogramme d'argent. En 1849, la retenue a été réduite, pour l'argent seulement, à 1 fr. 50 c.

Au 1er avril 1854, cette retenue a été augmentée de 70 c. pour l'or. Celle de l'argent est restée fixée à 1 fr. 50 c. Cette retenue a été maintenue par le décret du 31 octobre 1879.

C'est ce tarif que nous donnons, en indiquant, dans des notes placées au bas de chaque page, le rapport qui existe entre les principales monnaies étrangères, la vaisselle, les ouvrages en or de différents pays, et les prix du tarif. Nous l'avons complété en le portant pour l'or jusqu'à 500 millièmes inclusivement et pour l'argent jusqu'à 300 millièmes. Il eût été inutile de pousser ce tarif au delà.

Si on veut se rendre un compte exact de la valeur d'une masse de monnaie étrangère ou de vaisselle dont le titre est connu, on procédera de la manière suivante :

Supposons qu'on ait, en demi-impériales de Russie, un poids de 1 kilogramme 547 grammes, et qu'on veuille connaître le prix intrinsèque de cette masse d'or qu'on sait être au titre légal de 916,66, et de 915 au titre du tarif [1], c'est-à-dire que sur 1000 parties de métal il y a 915 parties d'or et 85 parties d'alliage.

Vous multipliez la valeur du kilogramme que vous indique le tarif au titre de 915 millièmes par le poids de vos demi-impériales.

Soit   3145,57   la valeur du kilogr. d'or, au titre de 915 mill.
Et   1547   grammes, poids des demi-impériales.

$$\begin{array}{r}2201899\\1258228\\1572785\\314557\\\hline\end{array}$$

486619679   que vous aurez pour produit.

Et vous obtenez pour la valeur de 1 kilogramme 547 grammes, 4,866 fr. 19 c., dont vous aurez à déduire 1 fr. 08 c. pour l'augmentation des frais de fabrication dont il est question ci-dessus.

___

[1] La différence qui existe entre le *titre légal* et le *titre du tarif* provient de ce qu'on n'admet le titre d'une monnaie, aux hôtels des monnaies, que sous la déduction des tolérances accordées pour la fabrication. Sans cette réduction, les directeurs des monnaies seraient exposés à des pertes qui pourraient devenir considérables.

TARIF DES ESPÈCES ET MATIÈRES D'OR.

TITRES.		VALEUR DU KILOG.	TITRES.		VALEUR DU KILOG.
1000		3437 »	974		3347.63
999		3433.56	973	(11)	3344.20
998	(1)	3430.12	972		3340.76
997		3426.68	971		3337.32
996	(2)	3423.25	970		3333.89
995	(3)	3419.81	969	(12)	3330.45
994	(4)	3416.37	968		3327.01
993	(5)	3412.94	967		3323.57
992		3409.50	966		3320.14
991		3406.06	965	(13)	3316.70
990		3402.63	964		3313.26
989		3399.19	963		3309.83
988		3395.75	962		3306.39
987		3392.31	961		3302.95
986	(6)	3388.88	960		3399.52
985		3385.44	959		3299.08
984	(7)	3382 »	958		3292.64
983		3378.57	957		3289.20
982		3375.13	956		3285.77
981		3371.69	955		3282.33
980	(8)	3368.26	954		3278.89
979		3364.82	953	(14)	3275.46
978	(9)	3361.38	952		3272.02
977		3357.94	951		3268.58
976		3354.51	950		3265.15
975	(10)	3351.07	949		3261.71

1 Roupies au zodiaque du Mogol.
2 Ecus, sequins, oselles et ducats de Venise.
3 Sequins de Gênes, 1/2 et 1/4.
4 Sequins de Rome et Bologne.
5 Ruspone et sequins de Florence.
6 Sequins de Piémont, à l'annonciade.
7 Ducats anciens d'Autriche, de Hongrie et de Bohême.
8 Ducat impérial (depuis Joseph II). — Ducats de Bavière, Augsbourg, Wurtemberg, Ratisbonne, Wurtzbourg, Danube, Iser, Inn. — Ducats de Bade, Brunswick, Francfort, Hambourg (*ad legem imperii*). — Ducats de Guillaume de Hollande.
9 Ducat de Hollande. — Ducat nouveau de Hambourg. — Ducat fin de Prusse.
10 Ducats de Pologne et de Suède.
11 Ducats de Russie à l'aigle éployé et à la croix de Saint-André.
12 Sequins fondouklis, 1730 à 1757 (Turquie).
13 Pièces de 10 et 5 roubles de Paul Ier et d'Alexandre.
14 Livre tournois (ancienne monnaie de compte). Loi du 25 germinal an IV.

TITRES.	VALEUR DU KILOG.	TITRES.	VALEUR DU KILOG.
948	(1) 3258.27	924	3175.78
947	3254.83	923	3172.35
946	3251.40	922	3168.91
945	3247.96	921	3165.47
944	3244.52	920	3162.04
943	3241.09	919	(2) 3158.60
942	3237.65	918	3155.16
941	3234.21	917	(3) 3151.72
940	3230.78	916	(4) 3148.29
939	3227.34	915	(5) 3144.85
938	3223.90	914	(6) 3141.41
937	3220.46	913	(7) 3137.88
936	3217.03	912	3134.54
935	3213.59	911	3131.10
934	3210.15	910	3127.67
933	3206.72	909	(8) 3124.23
932	3203.28	908	(9) 3120.79
931	3199.84	907	3117.35
930	3196.41	906	(10) 3113.92
929	3192.97	905	(11) 3110.48
928	3189.53	904	3107.04
927	3186.09	903	3103.61
926	3182.66	902	(12) 3100.17
925	3179.22	901	3096.73

[1] Ecus d'or de France, de Charles VI à Louis XIV.
[2] Vaisselle au coq, n° 1, premier titre.
[3] Ouvrages au premier titre, depuis la loi du 19 brumaire an VI.
[4] Riders et demi-riders : 20 et 10 florins de Louis-Napoléon (Hollande).—Pièces de mariage, médailles, jetons. — Souverains et guinées d'Angleterre.-Vaisselle au premier titre d'Angleterre.
[5] Impériales de 10 et 5 roubles. — Souverains et Lions des Pays-Bas autrichiens.
[6] Portugaises, cruzades, couronnes et millerées de Portugal.
[7] Aigles de 10 et 5 dollars, depuis 1810 (Etats-Unis).— Pistoles de Gênes et de Florence.
[8] Génovine et ses divisions. — Idem de la république ligurienne. — Quadruple d'Espagne, aux armes et à l'effigie, avant 1772, et ses divisions.—Pistoles de Pie VI et de Pie VII, Rome et Bologne.
[9] Pistoles du Mexique.
[10] Pistoles de Venise et de Milan. — Vaisselle aux trois anciens poinçons de Paris.
[11] Louis de France avant 1726.
[12] Pistoles depuis 1755 ; carlin et ses divisions (Piémont et Savoie).

TITRES.	VALEUR DU KILOG.		TITRES.	VALEUR DU KILOG.	
900	(¹)	3093.30	872		2997.06
899		3089.86	871	(⁸)	2993.62
898		3086.42	870		2990.19
897	(²)	3082.98	869		2986.75
896	(³)	3079.55	868		2983.31
895		3076.11	867		2979.87
894		3072.67	866		2976.44
893	(⁴)	3069.24	865		2973 »
892	(⁵)	3065.80	864		2969.56
891		3062.36	863		2966.13
890		3058.93	862		2962.69
889	(⁶)	3055.49	861		2959.25
888		3052.05	860		2955.82
887		3048.61	859		2952.38
886		3045.18	858		2948.94
885		3041.74	857		2945.50
884		3038.30	856		2942.07
883		3034.87	855		2938.63
882		3031.43	854	(⁹)	2935.19
881		3027.99	853		2931.76
880		3024.56	852		2928.32
879		3021.12	851		2924.88
878	(⁷)	3017.68	850		2921.45
877		3014.24	849		2918.01
876		3010.81	848		2914.57
875		3007.37	847		2911.13
874		3003.93	846		2907.70
873		3000.50	845		2904.26

¹ Monnaies décimales de France; Louis depuis 1726. — Pièces de 40 et 20 fr. du royaume d'Italie, de Marie-Louise et du Piémont. —Pièce de 80 fr. dito. —Pièces de 32 et de 16 franken (Suisse). 10 et 5 florins de Guillaume (Hollande), 1818. — Bade, 10 et 5 florins, depuis 1819. — Doublon d'Isabelle (Espagne).
² Quadruples et pistoles du Pérou. — Frédérics de Prusse.
³ Frédérics de Danemark.
⁴ Quadruple d'Espagne et ses divisions, après 1772.
⁵ Rosine de Florence, ou pièce à la Rose. — Pistole de Piémont avant 1775. — Pistole à l'étoile de Hesse-Cassel.
⁶ Pistole de Bâle.
⁷ Quadruple de Modène.
⁸ Doppia de don Carlos (Naples). — Ducats courants de Danemark.
⁹ Onces de Sicile à l'aigle couronné, à la légende : *Hispaniœinfans.*

TITRES.	VALEUR DU KILOG.	TITRES.	VALEUR DU KILOG.
844	2900.82	811	2787.40
843	2897.39	810	2783.97
842	2893.95	809	2780.53
841	2890.51	808	2777.09
840	(1) 2887.08	807	2773.65
839	2883.64	806	2770.22
838	2880.20	805	2766.78
837	(2) 2876.76	804	2763.34
836	2873.33	803	2759.91
835	2869.89	802	2756.47
834	2866.45	801	2753.03
833	2863.02	800	2749.60
832	2859.58	799	2746.16
831	2856.14	798	(4) 2742.72
830	2852.71	797	2739.28
829	2849.27	796	2735.85
828	2845.83	795	2732.41
827	2842.39	794	2728.97
826	2838.96	793	2725.54
825	2835.52	792	2722.10
824	2832.08	791	2718.66
823	2828.65	790	2715.23
822	2825.21	789	2711.79
821	2821.77	788	2708.35
820	2818.34	787	2704.91
819	(3) 2814.90	786	2701.48
818	2811.46	785	2698.04
817	2808.02	784	2694.60
816	2804.59	7 3	2691.17
815	2801.15	782	2687.73
814	2797.71	781	2684 29
813	2894.28	780	2680.86
812	2790.84	779	2677.42

[1] Once de Sicile au phénix. — Double louis de Malte (Emmanuel de Rohan).

[2] Ouvrages d'or de France au 2e titre, marqués depuis la loi du 19 brumaire an VI.

[3] Sequins Zermabboubs de Turquie : titre variable.

[4] Ducat de la compagnie hollandaise des Indes.

TITRES.	VALEUR DU KILOG.	TITRES.	VALEUR DU KILOG.
778	2673.98	749	2574.31
777	(¹) 2680.54	748	(⁷) 2570.87
776	2667.11	747	(⁸) 2567.43
775	2663.67	746	2564 »
774	2660.23	745	2560.56
773	2656.80	744	2557.12
772	(²) 2653.36	743	2553.69
771	2649.92	742	2550.25
770	2646.49	741	2546.81
769	2643.05	740	2543.38
768	2639.61	739	2539.94
767	(³) 2636.17	738	2536.50
766	2632.74	737	2533.06
765	2629.30	736	2529.63
764	2625.86	735	2526.19
763	2622.43	734	2522.75
762	2618.99	733	2519.32
761	2615.55	732	2515.88
760	2612.12	731	2512.44
759	2608.68	730	2509.01
758	(⁴) 2605.24	729	2508.66
757	(⁵) 2601.80	728	2502.13
756	2598.37	727	2498.69
755	2594.93	726	2495.26
754	2591.49	725	2491.82
753	2588.06	724	2488.38
752	2584.62	723	2584.95
751	2581.18	722	2581.51
750	(⁶) 2577.75	721	2578.07

1 4, 2, 1, et un 1/2 florin de Georges II (Hanovre).
2 Carolin, 1/2 et 1/4 de Hesse-Darmstadt.
3 Carolins ou 3 florins d'or de Cologne, Wurtemberg, Palatinat, Bavière, Brandebourg, Anspach, Bareuth.
4 Carolins de 3, 2 et 1 florin de Bade. — *Idem* de Wurtzbourg, 2/3 et 1/3.
5 Florin de Bade-Dourlach.
6 Ouvrages et bijoux de France, au 3e titre, marqués avant la loi du 19 brumaire an VI.
7 Ouvrages d'or d'Angleterre marqués d'une couronne et du nº 18.
8 Ouvrages d'or de France, au 3e titre, marqués depuis la loi du 19 brumaire an VI.

TITRES.	VALEUR DU KILOG.	TITRES.	VALEUR DU KILOG.
720	2474.64	681	2340.59
719	2471.54	680	2337.16
718	2467.76	679	2333.72
717	2464.32	678	2330.28
716	2460.89	677	2326.84
715	2457.45	676	2323.41
714	2454.01	675	2319.97
713	2450.58	674	2316.53
712	2447.14	673	2313.10
711	2443.70	672	2309.66
710	2440.27	671	2306.22
709	2436.83	670	2302.79
708	2433.39	669	2299.35
707	2429.95	668	2295.91
706	2426.52	667	2292.47
705	2423.08	666	2289.04
704	2419.64	665	2285.60
703	2416.21	664	2282.16
702	2412.77	663	2278.73
701	2409.33	662	2275.29
700	2405.90	661	2271.85
699	2402.46	660	2268.42
698	2399.02	659	2264.98
697	2395.58	658	2261.54
696	2392.15	657	2258.10
695	2388.71	656	2254.67
694	2385.27	655	2251.23
693	2381.84	654	2247.79
692	2378.40	653	2244.36
691	2374.96	652	2240.92
690	2371.53	651	2237.48
689	2368.09	650	2234.05
688	2364.65	649	2234.61
687	2361.21	648	2227.17
686	2357.78	647	2223.73
685	2354.34	646	2220.30
684	2350.90	645	2216.86
683	2347.47	644	2213.42
682	2344.03	643	2209.99

TITRES.	VALEUR DU KILOG.	TITRES.	VALEUR DU KILOG.
642	2206.55	603	2072.51
641	2203.11	602	2069.07
640	2299.68	601	2065.63
639	2196.24	600	2062.20
638	2192.80	599	2058.76
637	2189.36	598	2055.32
636	2185.93	597	2051.88
635	2182.49	596	2048.45
634	2179.05	595	2045.01
633	2175.62	594	2041.57
632	2172.18	593	2038.14
631	2168.74	592	2034.70
630	2165.31	591	2031.26
629	2161.87	590	2027.83
628	2158.43	589	2024.39
627	2154.99	588	2020.95
626	2151.56	587	2017.51
625	2148 12	586	2014.08
624	2144.68	585	2010.64
623	2141.25	584	2007.20
622	2137.81	583	2003.77
621	2134.37	582	2000.33
620	2130 94	581	1996.89
619	2127.50	580	1993.46
618	2124.06	579	1990.02
617	2120.62	578	1986.58
616	2117.19	577	1983.14
615	2113.75	576	1979.71
614	2110.31	575	1976.27
613	2106.88	574	1972.83
612	2103.44	573	1969.40
611	2100 »	572	1965.96
610	2096.57	571	1962.52
609	2093.13	570	1959.09
608	2089 69	569	1955.65
607	2086.25	568	1952.21
606	2082.82	567	1948.77
605	2079.38	566	1945.34
604	2075.94	565	1941.90

TITRES.	VALEUR DU KILOG.	TITRES.	VALEUR DU KILOG.
564	1938.46	525	1804.42
563	1735.03	524	1800.98
562	1931.59	523	1797.55
561	1928.15	522	1794.11
560	1924.72	521	1790.67
559	1921.28	520	1787.24
558	1917.84	519	1783.80
557	1914.40	518	1780.36
556	1910.97	517	1776.92
555	1907.53	516	1773.49
554	1904.09	515	1770.05
553	1900.66	514	1766.61
552	1897.22	513	1763.18
551	1893.78	512	1759.74
550	1890.35	511	1756.30
549	1886.91	510	1752.87
548	1883.47	509	1749.43
547	1880.03	508	1745.99
546	1876.60	507	1742.55
545	1873.16	506	1739.12
544	1869.72	505	1735.68
543	1866.29	504	1732.24
542	1862.85	503	1728.81
541	1859.41	502	1725.37
540	1855.98	501	1721.93
539	1852.54	500	1718.50
538	1849.10	400	1374.80
537	1845.66	300	1031.10
536	1842.23	200	687.40
535	1838.79	100	343.70
534	1835.35	90	309.33
533	1831.92	80	274.96
532	1828.48	70	240.60
531	1825.04	60	206.22
530	1821.61	50	171.85
529	1818.17	40	137.48
528	1814.73	30	103.11
527	1811.29	20	68.74
526	1807.86	10	34.37

TARIF DES ESPÈCES ET MATIÈRES D'ARGENT.

TITRES.	VALEUR DU KILOG.		TITRES.	VALEUR DU KILOG.	
1000		220.56	974		214.82
999	(¹)	220.33	973		214.60
998		220.11	972		214.38
997		219.89	971		214.16
996	(²)	219.67	970		213.94
995		219.45	969		213.72
994		219.23	968		213.50
993		219.01	967		213 28
992		218.79	966		213.06
991		218.57	965		212.84
990		218.35	964		212 61
989		218.13	963		212.39
988		217.91	962		212.17
987		217.69	961		211.95
986		217.47	960		211.73
985		217.25	959		211.51
984	(³)	217.03	958		211.29
983		216.80	957	(⁵)	211.07
982		216.58	956		210.85
981		216.36	955		210.63
980		216.14	954		210.41
979		215.92	953	(⁶)	210.19
978	(⁴)	215.70	952		209.97
977		215.48	951		209.75
976		215.26	950	(⁷)	209.53
975		215.04	949		209.31

[1] Roupie du Grand-Mogol, au signe du zodiaque.
[2] Ecu ou florin de Hanovre de 24 marien-groschens, et ses divisions.
[3] Gros écu du Palatinat.
[4] Gros écu de Nassau-Weilbourg.
[5] Pièces de 10, 5 et 1 livre du royaume d'Etrurie, à l'effigie de la reine et de son fils. — Vieux ducatons de Cosme III.
[6] Anciens jetons de France.
[7] Argenterie, poinçon de Paris, plate, non soudée, marquée avant la loi du 19 brumaire an VI. — Roupie du Mogol.

TITRES.	VALEUR DU KILOG.		TITRES.	VALEUR DU KILOG.	
948	(1)	209.09	926		204.23
947		208.87	925		204.01
946		208.64	924		203.79
945		208.42	923	(5)	203.57
944		208.20	922		203.35
943		207.98	921	(6)	203.13
942		207.76	920		202.91
941	(2)	207.54	919		202.69
940		207.32	918		202.47
939		207.10	917	(7)	202.25
938		206.88	916		202.03
937	(3)	206.66	915		201.81
936		206.44	914	(8)	201.59
935		206.22	913		201.37
934		206 »	912		201.15
933		205.78	911	(9)	200.93
932		205.56	910	(10)	200.70
931		205.34	909		200.48
930	(4)	205.12	908		200.26
929		204.90	907	(11)	200.04
928		204.67	906		199.82
927		204.45	905		199.60

1 Argenterie de France, vaisselle plate et non soudée, marquée depuis la loi du 19 brumaire an VI. — Médailles et jetons depuis 1832, marqués d'une lampe antique sur la tranche.
2 Vaisselle montée de Paris, marquée avant la loi du 19 brumaire. — Philippes de Milan.
3 Vaisselle plate des départements, non soudée. — Idem montée de Paris, marquée depuis ladite loi.
4 Vaisselle plate, soudée et montée, des départements, avant ladite loi.
5 Couronnes et schellings d'Angleterre. — Vaisselle au premier titre.
6 Ducatons de Parme et de Liége.
7 Ecus de France avant la refonte générale de 1726.
8 Ecu de banque de Gênes.
9 Ecus de France depuis la refonte, pièces de 3 liv., 24 s., 12 s. et 6 s., 3 florins (drye gulden) des Provinces-Unies et de Louis-Napoléon.
10 Piastre aux deux globes mexicaine et sévillane, avant 1772, et divisions. — Francescone et livournine, ou piastre à la rose, ou talaro, ou léopoldone et écu de 10 pauls; écu de 8 pauls et divisions (Florence). — Teston de Rome, écu de 10 pauls.
11 Ecu de Piémont et divisions.

TITRES.	VALEUR DU KILOG.		TITRES.	VALEUR DU KILOG.	
904	(¹)	199.38	882	(⁸)	194.53
903	(²)	199.16	881		194.31
902		198.94	880		194.09
901		198.72	879	(⁹)	193.87
900	(³)	198.50	878		193.65
899		198.28	877		193.43
898		198.06	876	(¹⁰)	193.21
897	(⁴)	197.84	875		192.99
896	(⁵)	197.62	874	(¹¹)	192.76
895		197.40	873		192.54
894	(⁶)	197.18	872		192.32
893		196.96	871		192.10
892		196.73	870		191.88
891		196.51	869	(¹²)	191.66
890		196.29	868		191.44
889		196.07	867		191.22
888	(⁷)	195.85	866		191 »
887		195.63	865		190.78
886		195.41	864		190.56
885		195.19	863		190.34
884		194.97	862	(¹³)	190.12
883		194.75	861		189.90

¹ Ecus de 5 liv. de Piémont depuis 1816, et divisions. — Ecu de 5 liv. de Naples (Murat). — De 5 liv. de Parme (Marie-Louise).
² Ducat de Charles VI et monnaie blanche de Naples.
³ Piastres d'Espagne à l'effigie, depuis 1772. — Pistres du Chili, du Pérou et de la Colombie. — Cruzades de Portugal de 480 et de 1,000 reis.
⁴ Trois florins, un florin et demiflorin de Guillaume (Hollande).
⁵ Ecu de banque, ou dollar (de Georges III), 3, 1 et 1/2 schelling d'Angleterre.
⁶ Dollar des Etats-Unis.
⁷ Pièces de 12 et 6 carlins de Naples : Charles VI, don Carlos et Ferdinand IV.
⁸ Rixdales, ou écus de Suède.
⁹ Risdales de constitution de l'empire (*species reischthaler*). — Risdales d'espèce, ou double écu de 6 marks, ou 96 shillings danois, depuis 1776, avec ses divisions. — Risdale ancienne de constitution de Hambourg. — Ecu de Hanovre, ou risdale de constitution.
¹⁰ Florins d'Autriche. — Couronne de Brabant, ou croison.
¹¹ Ecu de Brabant. — Roubles de Russie depuis 1798.
¹² Risdale, ou écu de Hollande, et 1/2. — Ecu de 2 florins, 1 florin et 1/2 florin de Bâle.
¹³ Ecus anciens de Lucerne et Saint-Gall.

TITRES.	VALEUR DU KILOG.	TITRES.		VALEUR DU KILOG.
860	189.68	834	(⁴)	183.94
859	189.46	833		183.72
858	189.24	832		183.50
857	189.01	831		183.28
856	188.79	830	(⁵)	183.06
855	188.57	829		182.84
854	188.35	828		182.62
853	188.13	827	(⁶)	182.40
852	187.91	826	(⁷)	182.18
851	187.69	825		181.96
850	187.47	824		181.74
849	187.25	823	(⁸)	181.52
848	187.03	822		181.30
847	186.81	821		181.07
846	186.59	820	(⁹)	180.85
845	186.37	819		180.63
844	(¹) 186.15	818		180.41
843	185.93	817	(¹⁰)	180.19
842	185.71	816		179.97
841	185.49	815		179.75
840	185.27	814		179.53
839	185.04	813	(¹¹)	179.31
838	184.82	812		179.09
837	(²) 184.60	811	(¹²)	178.87
836	(³) 184.38	810	(¹³)	178 65
835	184.16	809		178.43

[1] Patagons de 3 livres courantes de Genève.
[2] Risdale de constitution d'Autriche, depuis 1753, et 1/2 risdale, ou florin.
[3] Florin d'Underwald.
[4] Ecu et once de Malte, d'Emmanuel de Rohan, 5e, 10e et 20e de la piastre d'Espagne, monnaie provinciale avant 1772.
[5] Ecus de Brunswick et de Ratisbonne.
[6] Rixdale de Danemark de 1704 à 1765. — Pièces de 12 et de 6 ta-

rins.
[7] Couvert de Rome, clefs en sautoir
[8] Ecus et risdales de Bavière et d'Anspach.
[9] Dollar anglais de Sierra Leone.
[10] Ducats de 8 livres piccolis, 1/2 et 1/4; pièces de 10 livres, talaro, 1/2 et 1/4 (Venise).
[11] Ecu de Zurich de 1761. — 5e, 10e et 20e de la piastre d'Espagne, depuis 1772.
[12] Phalaris d'Autriche.
[13] Pièce de 13 loths d'Allemagne.

TITRES.		VALEUR DU KILOG.	TITRES.		VALEUR DU KILOG.
808		178.21	776		171.15
807		177.99	775		170.93
806		177.77	774		170.71
805		177.55	773		170.49
804		177.33	772		170.27
803		177.10	771		170.05
802		176.88	770		169.83
801		176.66	769		169.61
800		176.44	768		169.39
799		176.22	767		169.16
798		176 »	766		168.94
797	(1)	175.78	765		168.72
796		175.56	764		168.50
795		175.34	763		168.28
794		175.12	762	(4)	168.06
793		174.90	761		167.84
792	(2)	174.68	760		167.62
791		174.46	759		167.40
790		174.24	758		167.18
789	(3)	174.02	757		166.96
788		173.80	756		166.74
787		173.58	755		166.52
786		173.36	754		166.30
785		173.13	753		166.08
784		172.91	752	(6)	165.86
783		172.69	751		165.64
782		172.47	750		165.42
781		172.25	749		165.19
780		172.03	748		164.97
779		171.81	747	(7)	164.75
778		171.59	746		164.53
777		171.37	745		164.31

1 Argenterie de France au 2e titre, marquée depuis la loi du 19 brumaire an VI.
2 Roubles de Russie avant 1763.
3 Argenterie de Russie, marquée d'un aigle, avec un A, surmonté d'une croix.
4 Argenterie d'Allemagne, marquée d'une scie.
5 Florins de Mayence.
6 Roubles de Russie de 1763 à 1798.
7 Risdale ou écu de Prusse de 24 bons gros, demi-écu de 12 gros.

TITRES.	VALEUR DU KILOG.	TITRES.	VALEUR DU KILOG.
744	164.09	708	156.15
743	163.87	707	155.93
742	163.65	706	155.71
741	163.43	705	155.49
740	163.21	704	155.27
739	162 99	703	155.05
738	(¹) 162.77	702	154.83
737	162.55	701	154.61
736	162.33	700	154.39
735	(²) 162.11	699	154.17
734	161.89	698	153.95
733	161.67	697	153.73
732	161.44	696	153.50
731	161.22	695	153.28
730	161 »	694	153.06
729	160.78	693	152.84
728	160.56	692	152.62
727	160.34	691	152.40
726	160.12	690	152.18
725	159.90	689	151.96
724	159.68	688	151.74
723	159.46	687	151.52
722	159.24	686	151.30
721	159.02	685	151.08
720	158.80	684	150.86
719	158.58	683	150.64
718	158.36	682	150.42
717	158.14	681	150.20
716	157.92	680	149.98
715	157.70	679	149.76
714	157.47	678	149.53
713	157.25	677	149.31
712	157.03	676	149.09
711	156.81	675	148.87
710	156.59	674	148.65
709	156.37	673	148.43

¹ Kopsftucks de Cologne, de Hesse-Darmstadt, écus de Lubeck. | ² Vieux écus de Bareuth.

TITRES.	VALEUR DU KILOG.	TITRES.	VALEUR DU KILOG.
672	148.21	636	140.27
671	147.99	635	140.05
670	147.77	634	139.83
669	147.55	633	139.61
668	147.33	632	139.39
67 (¹)	147.11	631	139.17
666	146.89	630	138.95
665	146.67	629	138.73
664	146.45	628	138.51
663	146.23	627	138.29
662	146.01	626	138.07
661	145.79	625	137.85
660	145.56	624	137.62
659	145.34	623	137.40
658	145.12	622	137.18
657	144.90	621	136.96
656	144.68	620	136.74
655	144.46	619	136.52
654	144.24	618	136.30
653	144.02	617	136.08
652	143.80	616	135.86
651	143.58	615	135.64
650	143.36	614	135.42
649	143.14	613 (²)	135.20
648	142.92	612	134.98
647	142.70	611	134.76
646	142.48	610	134.54
645	142.26	609	134.32
644	142.04	608	134.10
643	141.82	607	133.87
642	141.59	606	133.65
641	141.37	605	133.43
640	141.15	604	133.21
639	140.93	603	132.99
638	140.71	602	132.77
637	140.49	601	132.55

¹ Anciennes pièces de trente sous et de quinze sous de France. ² Florins de Mecklembourg.

TITRES.	VALEUR DU KILOG.	TITRES.	VALEUR DU KILOG.
600	132.33	569	125.49
599	132.11	568	125.27
598	131.89	567	125.05
597	131.67	566	124.83
596	131.45	565	124.61
595	131.23	564	124.39
594	131.01	563	124.17
593	130.79	562	123.95
592	130.57	561 (5)	123.73
591	130.35	560	123.51
590	130.13	559	123.29
589	129.90	558	123.07
588	129.68	557	122 85
587	129.46	556	122.63
586 (1)	129.24	555	122.41
585	129.02	554	122.19
584	128.80	553	121.96
583	128.58	552	121.74
582	128.36	551	121.52
581	128.14	550	121.30
580	127.92	549	121.08
579	127.70	548	120.86
578 (2)	127.48	547	120.64
577	127.26	546	120.42
576	127.04	545	120 20
575	126.82	544 (6)	119.98
574 (3)	126.60	543	119.76
573 (4)	126.38	542	119.54
572	126.16	541	119.32
571	125.93	540	119.10
570	125.71	539	118.88

1 Pièces de 20 kreutzers, ou 1/6 de risdale de convention; pièce de 24 kreutzers (Autriche).

2 Escalins de Brabant, doubles et simples.

3 Pièces de 25, 10 et 5 cents de Guillaume, roi des Pays-Bas.

4 Doubles escalins, escalins et plaquettes de Liége.

5 Quatre gros, ou sixième d'écu (au petit cheval), de 1764 à 1802 (duché de Brunswick).

6 1/8 de risdale, ou 1/6 d'écu, ou 4 gros, depuis 1763 (royaume de Saxe).

TITRES.	VALEUR DU KILOG.	TITRES.	VALEUR DU KILOG.
538	118.66	505 (3)	111.38
537	118.44	504	111.16
536	118.22	503	110.94
535	117.99	502	110.72
534	117.77	501	110.50
533 (1)	117.55	500	110.28
532	117.33	499	110.05
531	117.11	498 (4)	109.83
530	116.89	497	109.61
529	116.67	496	109.39
528	116.45	495	109.17
527	116.23	494	108.95
526	116.01	493	108.73
525	115.79	492	108.51
524	115.57	491	108.29
523	115.35	490	108.07
522	115.13	489	107.85
521	114.91	488	107.63
520	114.69	487	107.41
519	114.47	486	107.19
518	114.25	485	106.97
517	114.02	484	106.75
516	113.80	483	106.53
515	113.58	482	106.30
514 (2)	113.36	481	106.08
513	113.14	480	105.86
512	112.92	479	105.64
511	112.70	478	105.42
510	112.48	477	105.20
509	112.26	476	104.98
508	112.04	475	104.76
507	111.82	474	104.54
506	111.60	473	104.32

1 Piastres de Constantinople et de Tunis. — Doubles tyes de Hollande.
2 Sixième d'écu de Prusse, 5 silbergros.
3 Plaquettes, ou demi-escalin de Brabant.
4 10 kreutzers, ou 1/12 de risdale, pièce de 12 kreutzers (Autriche).

8

TITRES.	VALEUR DU KILOG.	TITRES.	VALEUR DU KILOG.
472	104.10	436	96.16
471	103.88	435	95.94
470	103.66	434	95.72
469	103.44	433	95.50
468	103.22	432	95.28
467	103 »	431	95.06
466	102.78	430	94.84
465	102.56	429	94.62
464	102.33	428	94.39
463	102.11	427	94.17
462	101.89	426	93.95
461	101.67	425	93.73
460	101.45	424	93.51
459	101.23	423	93.29
458	101.01	422	93.07
457	100.79	421	92.85
456	100.57	420	92.63
455	100.35	419	92.41
454	100.13	418	92.19
453	99.91	417	91.97
432	99.69	416	91.75
451	99.47	415	91.53
450	99.25	414 (2)	91.31
449	99.03	413	91.09
448	98.81	412	90.87
447	98.59	411	90.65
446	98.36	410	90.42
445	98.14	409	90.20
444	87.92	408	89.98
443	97.70	407	89.76
442	97.48	406	89.54
441	97.26	405	89.32
440	97.04	404	89.10
439	(1) 96.82	403	88.88
438	96.60	402	88.66
437	96.38	401	88.44

(1) Demi-écu, ou 2 gros, ou 1/16 de risdale de Saxe, depuis 1763. (2) Pièces de 5 sols et de 2 sols 2/2 de Brabant et Belgique.

TITRES.	VALEUR DU KILOG.	TITRES.	VALEUR DU KILOG.
400	88.22	364	80.28
399	88 »	363	80.06
398	87.78	362	79.84
397	87 56	361	79.62
396	87.34	360	79.40
395	87.12	359	79.18
394	86.90	358	78.96
393	86.68	357	78.73
392	86.45	356	78.51
391	86.23	355	78.29
390	86.01	354 (1)	78.07
389	85.79	353	77.85
388	85.57	352	77.63
387	85.35	351	77.41
386	85.13	350	77.19
385	84.91	349	76.97
384	84.69	348	76.75
383	84.47	347	76.53
382	84.25	346	76.31
381	84.03	345	76.09
380	83.81	344	75.87
379	83.59	343	75.65
378	83.37	342	75.43
377	83.15	341	75.21
376	82.93	340	74.99
375	82.71	339	74.76
374	82.48	338	74.54
373	82.26	337	74.32
372	82.04	336	74.10
371	81.82	335	73.88
370	81.60	334	73.66
369	81.38	333	73.44
368	81.16	332	73.22
367	80.94	331	73 »
366	80.72	329	72.78
365	80.50	330	72.56

[1] Deux gros, ou 1/2 de reichsthaler de Prusse.

TITRES.	VALEUR DU KILOG.	TITRES.	VALEUR DU KILOG.
328	72.34	308	67.93
327	62.12	307	67.71
326	71.90	306	67.49
325	71.68	305	67.27
324	71.46	304	67.05
323	71.24	303	66.82
322	71.02	302	66.60
321	70.79	301	66.38
320	70.57	300	66.16
319	70.35	200	44.11
318	70.13	100	22.05.6
317	69.91	90	19.85
316	69.69	80	17.64
315	69.47	70	15.43.9
314	69.25	60	13.23.3
313	69.03	50	11.02.8
312	68.81	40	8.82.2
311	68.59	30	6.61.6
310	68.37	20	4.11
309	68.15	10	2.20.56

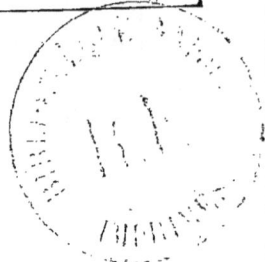

TABLE DES MATIÈRES

FIN DE LA TABLE DES MATIÈRES.

4600-82. — CORBEIL. Typ. et Stér. CRÉTE.

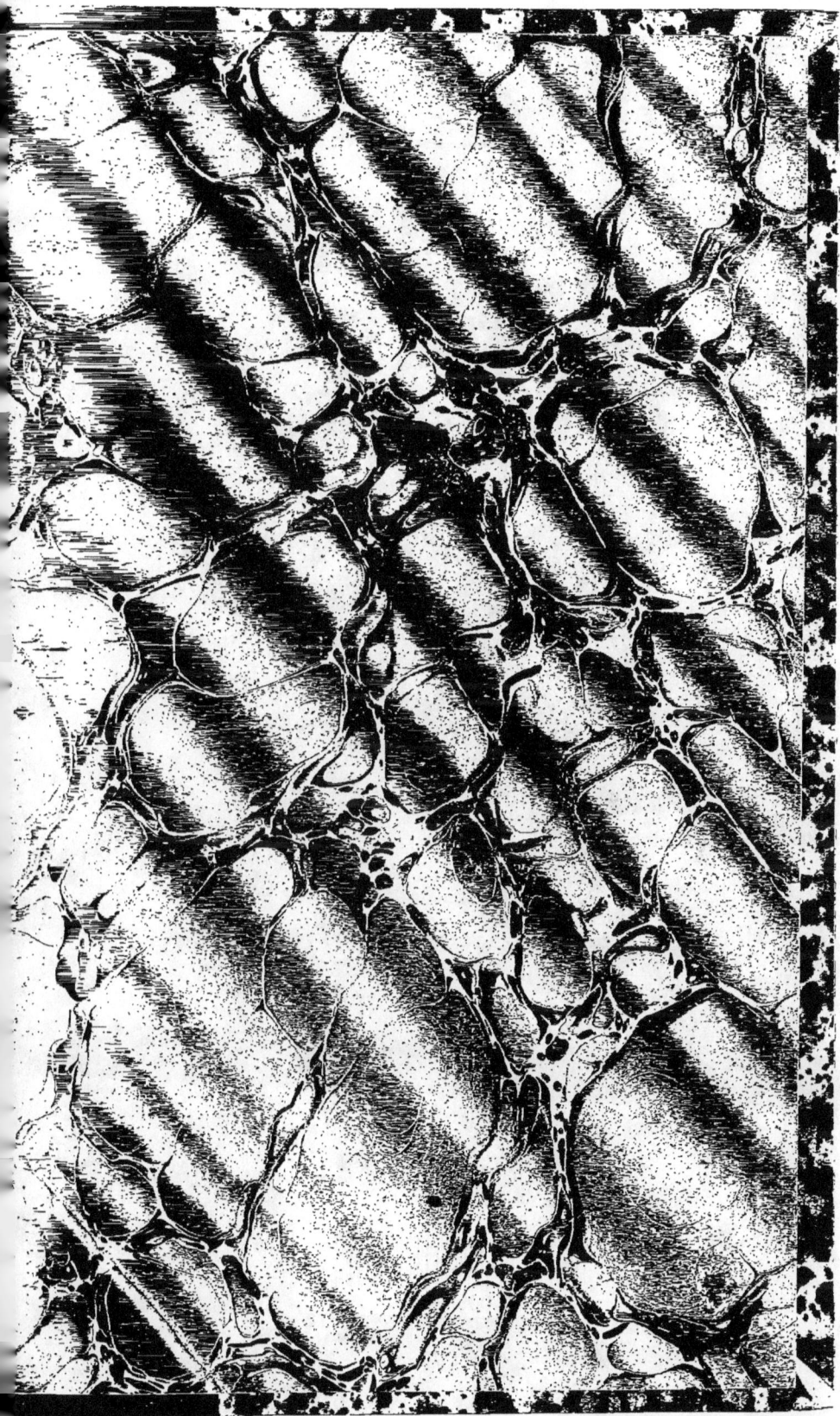

www.ingramcontent.com/pod-product-compliance
Lightning Source LLC
Chambersburg PA
CBHW050024100426
42739CB00011B/2781